本书受绿色发展大数据决策北京市重点实验室建设项目（71F1810916）资助出版

六西格玛项目
绩效影响因素及其作用机制研究

金春华◎著

A STUDY OF FACTORS AND
ITS MECHANISM ON
SIX SIGMA PERFORMANCE

经济管理出版社
ECONOMY & MANAGEMENT PUBLISHING HOUSE

图书在版编目（CIP）数据

六西格玛项目绩效影响因素及其作用机制研究/金春华著 . —北京：经济管理出版社，2020.7

ISBN 978-7-5096-7251-8

Ⅰ.①六⋯　Ⅱ.①金⋯　Ⅲ.①企业管理—质量管理—研究　Ⅳ.①F273.2

中国版本图书馆 CIP 数据核字（2020）第 129079 号

组稿编辑：郭丽娟
责任编辑：郭丽娟　宋　佳
责任印制：黄章平
责任校对：董杉珊

出版发行：经济管理出版社
　　　　　（北京市海淀区北蜂窝 8 号中雅大厦 A 座 11 层　100038）
网　　址：www.E-mp.com.cn
电　　话：（010）51915602
印　　刷：北京玺诚印务有限公司
经　　销：新华书店
开　　本：720mm×1000mm/16
印　　张：12.25
字　　数：186 千字
版　　次：2020 年 8 月第 1 版　　2020 年 8 月第 1 次印刷
书　　号：ISBN 978-7-5096-7251-8
定　　价：65.00 元

前　言

在当前建设质量强国的大背景下，无论是从国家层面还是从企业层面，质量都是十分重要和紧迫的问题，是寻求竞争优势的根基。2017年，《中共中央国务院关于开展质量提升行动的指导意见》中明确提出，要进一步激发质量创新活力，推进全面质量管理。因此，重新审视包括六西格玛管理等在内诸多质量管理实践，探究质量改进实践取得成功的关键要素及其作用机制，有效指导企业的质量改进实践，具有重要的现实意义。

虽然学者们对组织层面实施六西格玛管理的关键成功要素、六西格玛管理的组织效益等问题进行了系统研究，但缺乏六西格玛项目层次的研究。本书围绕着"六西格玛项目绩效影响因素及其作用机制"，融合团队学习、情境理论、知识创造等组织领域的相关理论，开展两个层次、四个方面的研究：首先通过质化研究，辨识与提炼六西格玛项目绩效影响因素、中介因素与情境因素，构建本书的总体理论框架；随后开展实证研究，从三个不同角度对影响因素的作用机制进行深入探究。主要的研究内容与成果如下：

(1) 基于扎根理论的质化研究。应用扎根理论，基于对六西格玛项目团队的深度访谈，通过开放式编码、主轴式编码和选择式编码进行数据分析，识别与提炼出社会因素、技术因素、团队学习、知识创造、项目特征等主范畴，在进一步分析主范畴典型关系结构的基础上，构建本书的总体理论框架。该理论框架为后续三个不同方面的实证研究提供了结构性思路。

(2) 以团队学习为中介的六西格玛项目绩效形成机制研究。根据总体理论框架，以团队学习作为中介变量，探讨六西格玛项目相关因素影响项目绩效的作用机制。研究结果表明，资源保障和心理安全感对六西格玛项目绩效均存在显著影响。在两者对项目绩效的影响中，团队学习的不同类型起到不同的中介作用：资源保障通过利用式学习和探索式学习的联合中介作用间接影响项目绩效，而心理安全感则通过探索式学习的完全中介作用影响项目绩效。

（3）以项目特征为情境的六西格玛项目绩效形成机制研究。根据总体理论框架，以项目的不确定性和复杂性作为情境变量，探究不同的项目特征与影响因素对项目绩效的交互影响。研究得出以下结论：项目不确定性与领导支持、心理安全感、跨部门合作等社会因素之间具有交互作用，项目的不确定性越高，社会因素对项目绩效的正向影响越明显，技术因素对项目绩效的正向影响越不明显；项目复杂性与资源保障、结构化方法的使用、项目管理机制等技术因素具有交互作用，也与领导支持与跨部门合作等社会因素具有交互作用，项目复杂性越高，技术因素和社会因素（心理安全感除外）对项目绩效的正向影响越明显。

（4）知识创造对六西格玛项目绩效的影响研究。根据总体理论框架，以知识为中介变量，探究六西格玛项目中知识创造的四种机制（社会化、外部化、组合化、内部化）对项目绩效的影响。研究结果表明，六西格玛项目过程中的社会化、外部化、组合化、内部化四种知识创造机制实现了隐性知识与显性知识之间的相互转换，所创造的知识在知识创造机制与六西格玛项目绩效之间起着近似完全中介的作用。

本书聚焦于六西格玛项目绩效的影响因素及其作用机制，采用质化研究构建了总体理论框架，随后通过三个实证研究从不同方面对影响因素的作用机制进行了深入研究。本书的结论丰富了六西格玛项目影响因素与项目绩效之间作用机制的认识，拓展了六西格玛管理的研究边界，具有重要的理论意义。同时，本书对于企业有效开展包括六西格玛项目在内的质量管理实践，提升质量竞争力具有很高的实践指导意义。

目　录

第一章　绪　论

第一节　研究背景与问题提出

一、现实背景

（一）从"中国制造"到"中国质造"，质量强国已成为国家战略

Domingo（1997）指出，全球竞争力来源于质量竞争力，同时又终于质量竞争，企业在寻求技术、资本与人力资源竞争力之前，首先要培育质量竞争力。经过几代人的努力，"中国制造"享誉世界，但同为世界制造，中国制造与美国制造、日本制造、德国制造相比，其知名度、信誉度、美誉度仍存在一定的差距。"中国制造"大而不强的一个关键因素就是质量，这直接导致在全球产业链的分工中，中国制造处于不利的位置。"中国制造"要想由大变强，突破质量瓶颈，实现从"中国制造"升级为"中国质造"的转变，就必须坚持把质量作为建设制造强国的生命线。

2014年，习近平总书记提出了"中国制造向中国创造转变，中国速度向

中国质量转变，中国产品向中国品牌转变"的工作要求。2017年9月发布的《中共中央国务院关于开展质量提升行动的指导意见》是中央做出的重大战略部署，是坚定不移走质量强国路、推动产业转型升级、经济迈向中高端、改善供给结构、满足人民群众消费需求的一大战略举措。

（二）六西格玛管理作为持续改进的重要手段，被企业广泛采用

在动态竞争环境下，企业要在激烈的市场竞争中获胜，同时保持竞争优势，必须持续将改进思想贯穿于质量管理的全过程。基于顾客需求，持续改进业务流程，提升产品和服务的质量。这要求企业综合运用相应的质量管理工具、方法、体系进行系统改进，持续提升企业质量竞争力。

自1987年摩托罗拉公司获得马尔科姆·波多利奇质量奖以来，六西格玛管理引起了工业界、学术界的广泛关注。通用电气、联合信号等知名企业在引入并成功实施六西格玛管理后，均取得了巨大的经济效益。随后，作为一种主流的管理方法，六西格玛管理得到了迅速推广，特别是在欧洲和亚洲等地区更是广泛传播。六西格玛管理的应用范围也从传统的制造业延伸到服务、软件开发等行业。2002年9月，中国质量协会全国六西格玛管理推进工作委员会正式成立，这标志着六西格玛管理作为一套系统管理方法体系，在我国进入全面推广阶段。据不完全统计，目前，国内推广六西格玛的企业已经超过了1000家，特别是在家电、汽车、钢铁、烟草等行业，导入六西格玛管理的企业数量较多。一年一度的全国六西格玛大会已连续举办了15届，为企业实施六西格玛管理搭建了交流平台，涌现出了一批六西格玛管理标杆企业。经过10多年的推广，六西格玛管理在相当多的企业中已初见成效。通过实施六西格玛管理，企业在提高核心业务流程能力的同时降低了运营成本，更好地满足了顾客的需求，形成了关注顾客、持续改进、追求卓越的企业文化，从根本上提升了企业的长期竞争力。

（三）有相当数量的企业在实施六西格玛管理后并未取得预期的效果

虽然相对于全面质量管理、零缺陷管理等其他管理方法，六西格玛管理具有巨大的优势，但也并非医治质量"疾病"的灵丹妙药。Deloitt 咨询公司 2006 年的研究发现，仅有 20% 的企业通过实施六西格玛管理实现了预期效果。这表明，推行六西格玛管理是一个十分困难的过程。在六西格玛管理实施过程中，企业可能会遇到包括缺乏高层领导支持与参与、缺乏科学合理的实施规划、生搬硬套统计工具等问题。即使在六西格玛实施较为成熟的企业中，由于在六西格玛项目的选择、立项、实施等方面存在不同的问题，六西格玛项目取得成功的比例也并不理想。

综上所述，在当前建设质量强国的大背景下，无论是从国家层面还是从企业层面，提升质量都是十分重要和紧迫的问题，是寻求竞争优势的根基。《关于开展质量提升行动的指导意见》中明确提出要进一步激发质量创新活力、推进全面质量管理。因此，重新审视和研究包括六西格玛管理等在内的诸多质量管理实践，探究质量改进实践取得成功的关键要素及其作用机制，对于有效指导企业的质量改进实践具有重要的现实意义。

二、理论背景

（一）融合管理前沿理论的质量管理研究呈现交叉多元发展态势

质量管理理论经由休哈特、戴明、朱兰、费根鲍姆与石川馨等质量大师奠基后，经过了质量检验（QC）、统计质量控制（SPC）、全面质量管理（TQM）、卓越绩效模式（PEM）四个阶段的演进，随后呈现出了式微之态（Molina 等，2007）。随着实践驱动以及理论交叉融合，质量管理研究通过借鉴和融合当前管理研究的前沿理论，如社会技术系统理论、学习理论（Senge，2010）、行为理论（Pfeffer，1981）、知识理论（Nonaka，1994）、情境理论（Zaccaro 等，2008）等，得到了不断深化与拓展。相关的研究通过融合多种理论视角，对质量管理实践进行了多角度的深入探索，取得的研究成果对质量实践具有极高的指导价值。但从总体看，这些融合管理前沿理论的研究多以案例或访谈的定性研究为主，强调理论演绎或概念性诠释，定量实证研究却寥寥无几。

（二）质量管理实践如何落地到微观层面缺乏深入研究

20世纪60年代产生的全面质量管理，在90年代达到顶峰后，其实践与理论研究均开始黯然消退。有学者认为，全面质量管理是一个极为模糊且复杂的框架体系（Linderman，2004），并且实践界更多地将全面质量管理视为"口号"，而未有效地落实。理论界无法从微观视角分析相关理论构念及其作用机理，而实践界同样无法根据全面质量管理框架有效地开展质量改进活动。因此，质量管理研究需要落实到质量改进团队或项目等实施主体，从更微观的层面深入探究质量改进实践取得实效的内在机理。虽然六西格玛等基于项目或团队的质量改进活动在实践中的应用越来越广泛，然而，相对于组织层次的质量管理研究，针对此类质量改进的研究并不多见。学者们对于"影响质量改进项目或团队绩效的因素及其作用机制"等问题仍然缺乏系统研究。

（三）基于中国情境下的微观层面的质量管理研究，具备了良好的基础

20世纪80年代初，国内开始推行全面质量管理，但国内学者对于质量管理的研究主要集中在工具方法的应用上，总体上缺乏基于理论模型构建的实证研究。国内基于理论模型构建的质量管理研究目前主要集中于组织层面，如质量管理实践与企业绩效关系（宋永涛和苏秦，2016；熊伟和奉小斌，2012）、质量管理与创新的关系（奉小斌，2012）、供应链质量与质量绩效关系（奉小斌和梅胜军，2013）等。针对我国企业情境下质量改进团队与项目的研究几乎是空白。另外，包括QC小组、六西格玛管理等在内的质量改进实践在我国企业中广泛开展，对深入开展项目或团队层次的研究，构建基于中国企业质量实践的理论模型，补充和完善既有理论的不足，提供了非常有价值的经验素材。

三、问题提出

随着竞争环境的不断变化，我国制造企业要建立竞争优势，实现从"中

国制造"到"中国质造"的转变，就必须持续开展包括六西格玛管理在内的各类质量改进活动，确保改进活动取得实效，真正发挥质量改进活动在质量管理中的核心作用。尽管六西格玛管理在企业中得到较为广泛的应用，对企业提升质量水平、改进经营绩效发挥了积极作用，但也存在对六西格玛管理认识不到位、推广和实施效果不显著等问题。

尽管已有不少学者从组织层次对实施六西格玛管理的关键成功要素、六西格玛管理对于企业绩效的影响等问题进行了研究（Dahlgaard 等，2006），总结出了包括高层管理参与承诺、组织文化、结合企业战略、资源保障与获取、激励与奖励机制、沟通合作与信任、顾客导向、六西格玛系统架构、负责人的经验与能力、与供应商合作等关键成功要素，但针对项目层次的研究却并不多见。

六西格玛管理以项目的形式进行改进，通过部署、实施、运用一套包括定义（Define）、测量（Measure）、分析（Analyze）、改进（Improve）、控制（Control）（以下简称 DMAIC 流程）的六西格玛方法体系进行持续改进。很显然，六西格玛项目绩效是六西格玛成功实施的一个重要决定因素。理解六西格玛如何给组织带来收益，必须对影响六西格玛项目绩效的因素及其作用机制进行深入研究。学者们对于研发、信息化等类型的项目绩效进行了相对深入的研究，然而作为一种特殊类型的项目，六西格玛项目除了具有一般项目特征外，同时还有着自身较为独特的情境特征。因此，开展对于一般项目绩效影响因素及其作用机制的研究，对于理解六西格玛项目绩效及其作用机制有一定的帮助，但并不充分。

基于此，本书针对上述背景与问题，在综述现有文献的基础上，对以下问题开展研究：影响六西格玛项目绩效的因素有哪些？这些因素对于项目绩效产生影响的作用机制如何？在不同项目情境下，这些因素对于绩效的影响作用存在何种差异？本书围绕六西格玛项目绩效影响因素与作用机制这一核心问题展开研究，以期对六西格玛项目绩效影响因素及其作用机制做一个深入的剖析，能为质量管理实践者提供有效的理论指导，提高企业六西格玛项目实施的成功率，进而持续提升企业的竞争能力。

第二节　构思框架与研究内容

一、构思框架

作为质量管理实践的经典研究，Flynn 等（1995）质量管理实践可以细分为基础实践和核心实践两个维度，其中基础实践包括领导承诺、员工参与、顾客关系，核心实践包括产品设计、过程管理、统计过程控制。此后，Rahman 和 Bullock（2005）将质量管理实践划分为软要素与硬要素，Choo 等（2013）将其界定为技术因素与社会因素。后续质量管理领域的大量研究都基于 Flynn 等（1994）所建立的分类框架。

围绕着六西格玛项目绩效影响因素及其作用机制的研究主题，本书遵从 Flynn 等（1994）的质量管理实践经典分类，从社会因素和技术因素两个维度辨识并提炼六西格玛项目绩效影响因素，在此基础上引入相应的中介变量和情境变量，分析影响因素对项目绩效的作用机制。预设的理论模型如图 1-1 所示。

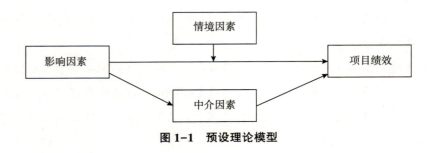

图 1-1　预设理论模型

基于上述预设理论模型，本书开展两个层次的研究：首先基于扎根理论，通过质化研究，辨识与提炼六西格玛项目绩效影响因素以及相应的中介因素和情境因素，构建出影响因素及其作用机制的总体理论框架；其次根据总体的理论框架，从三个不同视角进行实证研究，探究不同视角下影响因素对六西格玛项目绩效的作用机理。

二、研究内容

本书的主要研究内容如下：

（一） 基于扎根理论的六西格玛项目绩效影响因素研究

针对六西格玛项目绩效影响因素研究薄弱的特点，本书采用扎根理论（Ground Theory）进行质化研究，基于对六西格玛项目团队的深度访谈，通过开放式编码、主轴式编码和选择式编码进行数据分析，辨识与提炼六西格玛项目绩效的影响因素、中介因素与情境因素。在进一步分析主范畴典型关系结构的基础上，以社会因素、技术因素为前因变量，以团队学习、知识创造为中介变量，以项目特征为情境变量，构建本书研究的总体理论框架。该理论框架为后续三个不同视角的实证研究提供了结构性思路。

（二） 团队学习为中介的六西格玛项目绩效形成机制研究

根据扎根理论构建的总体理论框架，本书选择团队学习为中介变量，重点考察心理安全感（社会因素）、资源保障（技术因素）两个因素对项目绩效的影响。结合六西格玛项目中团队学习的特点，采用利用式团队与探索式学习的分类，探究当团队学习为中介时，六西格玛项目的社会因素与技术因素对项目绩效的作用机制，实现从表象的分析转向认知机理的深入挖掘。

（三） 以项目特征为情境的六西格玛项目绩效形成机制研究

Miller（1982）提出在研究问题时，要充分考虑情境因素的影响，要逐渐剥离情境因素对自变量和因变量关系的影响。根据扎根理论构建总体理论框架，以六西格玛项目的复杂性和不确定性作为情境变量，探究不同项目特征与项目绩效影响因素对项目绩效的交互影响，在进一步明确不同项目特征的情境下，社会因素与技术因素对项目绩效影响的差异性。

（四） 知识创造对六西格玛项目绩效的影响研究

根据总体的理论框架，深入研究知识创造对项目绩效的影响。基于知识创造理论（Nonaka，1994），对六西格玛项目中知识创造的过程进行研究，在厘清六西格玛项目中社会化、外部化、组合化、内部化四种知识创造机制的基础上，构建以知识为中介的理论模型，通过实证研究，探究六西格玛项目中四种知识创造机制对项目绩效的影响。

第三节　研究方法和技术路线

一、研究方法

本书采用规范研究和实证研究相结合的方法展开研究。

（一） 文献分析和理论演绎

文献研究法通过对前人的研究成果进行总结和归纳，形成理论推导和演绎的基础。通过收集、阅读和分析文献，深入了解研究现状及研究趋势，发现之前研究的不足，以此为基础引出研究问题、提炼研究论点。通过理论演绎来确定研究的逻辑，提出研究的假设，构建理论模型，分析各变量的要素构成并完成测量指标的设置。

（二） 质化研究

采用扎根理论这种探索性研究技术，对六西格玛项目绩效关键因素进行访谈，获得相应信息和数据，通过对资料进行开放式编码、主轴式编码与选择式编码三个程序阐述六西格玛项目绩效影响因素的理论模型，从而形成下一步实证分析的研究思路。

（三）问卷调查法

问卷调查法是管理学定量研究中最为普及的方法，具有较强的实用性（陈晓萍等，2012）。通过量表开发和问卷设计，经过预测试、修正与删减，形成正式的量表，最后利用正式量表进行大样本的问卷调查，获得第一手的数据，为后续的统计分析提供基础。本书运用了问卷调查法对六西格玛项目绩效的影响因素、团队学习、知识创造、项目绩效等变量进行数据的测量和收集。

（四）统计分析法

本书利用 SPSS、AMOS 和 Smart－PLS 软件，采用层次回归分析与偏最小二乘法等统计方法，对调查数据进行相应的统计分析和处理。对量表进行信度与效度分析，对个体数据进行聚合分析，完成个体数据向团队数据的转换。在实证分析过程中，基于层次回归分析将进行中介效应与调节效应的检验，基于偏最小二乘法对理论模型以及变量之间关系路径的显著性进行检验。

二、技术路线

首先，本书在现实背景与理论背景阐述的基础上提出研究问题，将研究主题聚焦于六西格玛项目绩效影响因素及其作用机制。其次，基于扎根理论采用质化研究的方法，辨识与提炼项目绩效的影响因素、中介因素与情境因素，构建了本书的总体理论框架。再次，分别从团队学习、项目特征、知识创造三个角度，采用实证研究的方法对影响六西格玛项目绩效各因素及其作用机制进行深入探究。最后，将对本书的主要结论、理论与实践意义等进行总结。在研究过程中，遵循规范的研究思路与步骤，采用科学的研究方法，定性研究与定量研究紧密结合。

本书的研究技术路线如图 1-2 所示。

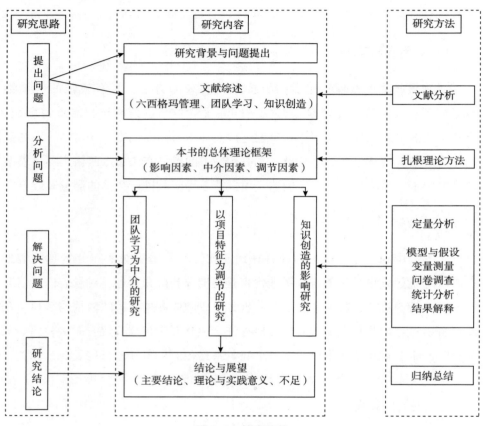

图 1-2　技术路线

第四节　本书章节安排

本书总共分为七章，各章的内容安排与章节间的逻辑关系如下：

第一章是绪论。在阐述本书研究背景的基础上，提出本书的研究框架与研究内容，说明本书的研究方法与技术路线，最后确定本书的章节安排。

第二章是文献综述。首先，回顾六西格玛管理的相关理论，分析了国内六西格玛管理的研究现状，综述了六西格玛管理关键成功要素的相关研究；其次，对本书所涉及的团队学习与知识创造两个变量相关的文献进行了综述；最后，进行了简要评述。

第三章是基于扎根理论的六西格玛项目绩效影响因素研究。本章通过对六西格玛项目团队的深度访谈，运用扎根理论的方法，在辨识与提炼相关范畴的基础上，构建了本书的总体理论框架。

第四章是以团队学习为中介的六西格玛项目绩效形成机制研究。本章首先分析了六西格玛中的团队学习，在此基础上提出理论模型与相应的研究假设，然后通过实证研究验证相关假设，最后对分析结果进行讨论。

第五章是以项目特征为情境的六西格玛项目绩效形成机制研究。本章首先对六西格玛项目的特征进行分析，在此基础上提出理论模型与相应的研究假设，然后通过实证研究验证相关假设；最后对分析结果进行了讨论。

第六章是知识创造对六西格玛项目绩效的影响研究。本章首先对六西格玛项目中的知识创造的四种机制进行界定和测量，在此基础上提出理论模型与相应的研究假设；然后通过实证研究验证相关假设，最后对分析结构进行讨论。

第七章是研究结论与展望。本章首先阐述了本书研究的主要结论以及创新点，并基于研究结论提出了相应的管理建议；其次，分析指出本书研究中的不足之处，最后对未来可能的研究方向进行展望。

第二章　文献综述

本章将围绕第一章提出的研究问题，对涉及的主要理论基础及相关研究进行文献综述。首先，对六西格玛管理基础理论进行概述，针对国内六西格玛管理研究进行主题分析，并重点对企业实施六西格玛管理的关键成功要素进行综述；其次，对本书涉及的团队学习与知识创造两个变量的相关概念与文献分别进行综述；最后，对上述研究进行简要的评述。

第一节　六西格玛管理概述与相关研究

一、六西格玛管理概述

（一）六西格玛管理的内涵

Harry 等（2000）认为，六西格玛方法是"一种提供给公司一系列干预和统计工具的战略，这些干预和统计工具能够在质量上得到突破性的和量化的收益"。Magnusson、Kroslid 和 Bergman（2003）认为，六西格玛方法是

"一种战略，它能够提供突破性及持续的改进，而且这个改进方法同时适用于制造业和服务业"。Antony 和 Banuelas（2004）把六西格玛定义为"提高利润，消除浪费，降低质量成本，改进所有操作过程的效果和效率，以满足甚至超越顾客需求和期望的一种经营改进策略"。Lucas（2005）指出，六西格玛是一种训练有素、自律性强，能够很好地改进经营结果的质量改进方法，也是一套适用于具有统计知识背景的企业系统。Pande 等（2007）则认为，六西格玛是一套能达到、保持和优化企业成功的系统，它起始于深入了解顾客需求，以事实、数据和统计分析为基础，改进企业流程，特别强调运用统计工具来改进组织的效率和效果，以满足顾客的需求。何桢（2007）认为，六西格玛是一套系统的业务改进方法体系，旨在持续改进企业业务流程，实现顾客满意的管理方法。通过系统集成地采用业务改进流程，实现无缺陷的过程设计，并对现有过程进行过程定义（Define）、测量（Measure）、分析（Analyze）、改进（Improve）、控制（Control）消除过程缺陷和无价值作业，提高质量和服务、降低成本、缩短运转周期，达到客户完全满意，增强企业竞争力。

综上所述，学者一般将六西格玛定义为一套以事实、数据和统计分析为基础，系统集成的业务改进方法体系，旨在持续改进企业业务流程，实现客户满意的管理方法。

（二）六西格玛管理的组织体系

以黑带团队为基础的六西格玛组织是实施六西格玛突破性改进的成功保证。六西格玛管理的组织结构由高层领导、倡导者、资深黑带、黑带、绿带等人员构成，企业通常设有六西格玛推进办公室，具体如图 2-1 所示。

不同人员在六西格玛活动中扮演不同角色、发挥不同作用、承担不同职责与任务，各司其职，共同推进企业六西格玛管理的实践，如表 2-1 所示。

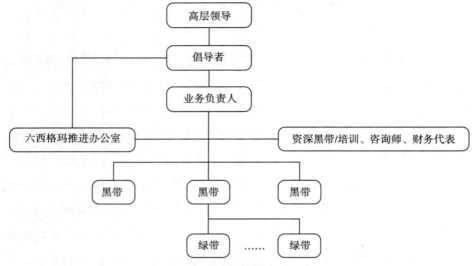

图 2-1 六西格玛管理的组织结构

表 2-1 六西格玛组织结构中角色的作用与职责

角色	作用	职责
高层领导	推行六西格玛管理获得成功的关键因素	使六西格玛战略与组织战略相结合，持续支持六西格玛管理活动
倡导者	整体推进的主要负责人	负责六西格玛战略的展开、目标确定、资源分配及组织协调等
业务负责人	支持配合项目范围的关键业务过程	协调帮助项目实施，提供资源支持，接收成果并负责将成果固化等
财务代表	计算项目财务收益	选择项目时效益预评估，结束项目后财务评价等
资深黑带	高级参谋兼专家，提供指导、咨询培训	协调、推进六西格玛在全公司的开展，实施过程中担任项目咨询、辅导、指导，协助黑带及团队顺利完成工作等
黑带	技术骨干、核心力量、六西格玛黑带项目团队负责人	领导、策划、培训、辅导、传递、发现、确认、沟通等
绿带	六西格玛管理的广泛参与者、黑带项目的参与者或绿带项目负责人	提供相关过程中专业知识，促进观念转变，执行计划等

（三）六西格玛管理的流程与工具

六西格玛管理实现的手段是以项目为载体的持续过程改进。六西格玛管理在融合现代运营管理的思想、方法和工具的基础上，总结提炼出了具有可操作性的业务过程持续改进流程——DMAIC（Define，定义；Measure，测量；Analyze，分析；Improve，改进；Control，控制）。

1. 定义阶段

首先需要明确改进的机会，从组织的战略目标和顾客的关键需求出发找到改进的机会，针对问题点，界定问题及其影响，即该问题对组织战略目标的达成、对顾客或组织关键绩效指标产生的影响等。六西格玛项目定义阶段的主要任务是，基于组织的战略目标和顾客的关键需求识别出需要改进的产品或过程，将改进项目界定在合理的范围内，定义缺陷，建立项目小组，制订项目计划书等。常用工具和分析方法包括平衡计分卡（BSC）和组织 KPI 指标分析、顾客满意度调查和分析、利益相关方分析、亲和图、SIPOC 图、排列图和甘特图等。

2. 测量阶段

六西格玛管理强调基于严谨的数据分析找到问题的根本原因。数据来源于测量，因此确定正确的测量指标或测量项，保证测量数据的真实性和可靠性是测量阶段的主要任务。测量工作基于项目的关键输出（一般称为关键输出变量 KPOV 或 Y），查找影响输出的关键影响参数（一般称为 KPIV 或 X），针对这些过程的 KPOV 和 KPIV，明确测量的方式、方法和具体的测量系统，确定科学的数据收集方案，分析测量指标的当前水平、该评价测量系统能力。这一阶段常用的工具包括流程图、因果分析或因果矩阵、失效模式与影响分析（Failure Mode and Effect Analysis，FMEA）、抽样计划、过程能力分析（CPK）、测量系统分析（MSA）等。

3. 分析阶段

基于严谨的数据分析，找到问题的根本原因而非表面症状是六西格玛解决问题的核心所在。分析阶段的主要任务是综合采用各种统计方法和管理技术对问题进行深刻分析，找到影响问题的关键因素和根本原因。在这一阶段，尽管会应用很多定量分析方法，但定性分析同样十分关键。这一阶段常用的工具包括头脑风暴法、价值流和作业增值性分析、流程图、作业研究和流程分析、因果图、多变异图、统计分析技术（假设检验、回归分析和相关分析、方差分析、非参数检验）等。

4. 改进阶段

改进阶段的任务是针对分析阶段所识别的关键因素找出解决办法，通过采用一些综合评价技术进行方案的选择，确立最佳改进方案。改进方案的产生，除了需要一些专业的知识外，更为重要的是创新思维和科学方法的融合，这个阶段是整个六西格玛过程中工具方法运用最多、最深入的阶段。常用工具有思维导图（Mind Mapping）、TRIZ、六顶帽子思考法、试验设计、调优运算、改进效果的验证方法（仿真模拟技术）等。

5. 控制阶段

控制的目的是保持改进的效果。控制包括对项目输出结果的控制和关键影响因素的控制，将改进成果纳入组织的规范、流程、标准或作业指导书等，建立对 KPOV 和 KPIV 的控制方式和方法，建立过程控制计划和失控行动方案。在本阶段，将项目成果进一步地向其他类似的业务流程推广也是一项重要的任务。这一阶段的常用工具有统计过程控制、过程文件控制、标准化、防错技术等。

（四）六西格玛项目管理

六西格玛管理通过有组织、有计划地实施六西格玛项目实现其经济效益，同时也促进了员工观念和行为的转变。具体而言，六西格玛项目是指由职责明确的团队运用六西格玛方法（DMAIC），在规定时间内，寻找最优方案并实现预定目标的特定过程。

六西格玛项目的管理包括项目的启动、规划、执行、监控和收尾五大过程。其中，启动过程包括六西格玛项目选择和项目立项表制定；规划过程是六西格玛项目的计划制订；执行和监控过程包括六西格玛项目团队建设、六西格玛改进 DMAIC 的具体实施和监控；收尾过程包括六西格玛项目总结、成果评审与分享。具体的六西格玛项目管理过程包括：

1. 六西格玛项目选择

一般而言，六西格玛项目选择需要重点考虑以下原则：要支持顾客满意的改善，要支持企业战略目标的实现，项目目标要有挑战性，要强调过程的改进，要给企业带来较大的经济效益，同时要保证六西格玛项目待解决的问题清晰且可测量，项目范围应清晰可控。

2. 六西格玛项目立项表和项目计划

在按照六西格玛项目选择的原则选出项目后，就要制订项目立项表和项目计划，委派项目组长和组成项目团队，明确项目的目标和各种环境因素以及总体进度，给项目提供一个指导框架，以此协调团队的活动和资源的使用。

3. 六西格玛项目团队建设

六西格玛项目团队通过由以下人员组织：团队领导（组长）、核心成员、扩展成员、业务负责人、倡导者、项目指导人。团队领导一般由黑带承担，黑带除了具备统计方法的能力外，还需具备卓越的领导力。

4. 六西格玛项目的实施与监控

项目立项表和计划批准后，项目就按照 DMAIC 的五个阶段开展实施。在实施过程中，需要建立每个阶段的项目进展汇报机制，通过各阶段目标达成情况的回顾和评估，及时调整资源和计划，保证项目目标的达成。此外，由于六西格玛项目的实施过程是一个流程变革、系统变革和文化变革的过程，因此在项目实施过程中，需要加强项目管理中的沟通与变革管理，这是关系到项目成败的关键之一。

5. 六西格玛项目总结与成果评审

项目总结与成果评审和分享的过程是六西格玛项目管理 PDCA 循环中的 A 阶段，也是实现"闭环评价"的过程，即通过对达到目标的项目进行文件化并予以闭环评价，将获得的实践经验和教训进行管理，以便识别新的机会。

（五）六西格玛项目绩效

项目绩效衡量的是团队能够达到既定质量、成本和时间目标的程度，主要通过项目的有效性和项目的效率来衡量（Mukherjee 等，1998）。对于以独立项目作为任务单元的团队来说，项目绩效的测量主要通过项目的工作过程和工作结果的客观评价指标来反映，根据项目在这些评价指标上的表现情况来评判项目的绩效（Hoegl 和 Gemuenden，2001）。

六西格玛项目通常拥有明确的改善目标，比如减少周期时间、降低成本、提高效率，以及提高 Sigma 水平、改善客户满意度和降低产品或服务的拒收水平等。因此，六西格玛项目绩效本质上就是项目目标的达成度。通常六西格玛项目会强调应用财务收益衡量项目产生的效益。

二、国内六西格玛管理研究的主题分析

国内对六西格玛管理的理论与应用进行了广泛研究，取得了丰硕的研究成果。但对该研究领域的演化发展缺乏系统性分析。基于目前这一现状，本节采用共词分析和网络分析方法对我国六西格玛管理研究的发展脉络进行整体性探索。首先结合 CNKI 数据库将六西格玛相关方面的文章整合，并进行阶段划分，分析其阶段特点及其发展趋势；然后利用共词分析方法，横向比较和纵向分析国内六西格玛管理研究领域的发展趋势；最后再将六西格玛管理的相关因素进行量化，对其相关数据的网络特性进行分析。

（一）数据来源与关键词提取

基于 CNKI 数据库，采用"六西格玛""6σ""6 西格玛""6sigma"和"six sigma"等不同名称进行检索。时间节点截至 2016 年 12 月，期刊的来源类别包括"SCI 来源期刊""EI 来源期刊""核心期刊"和"CSSCI"，搜索出相关文章 626 篇。经过筛选无关论文，最后剩余 586 篇。历年的文献数量如图 2-2 所示。为了清晰、明确地展示每个阶段的情况，进一步比较不同阶段六西格玛的演化，整体划分为三个时间段。阶段一为 1993~2006 年，这一阶段六西格玛的发文量在 2001 年前每年不足 10 篇，2001 年之后开始逐渐增长，在 2006 年达到历史最高点 65 篇；阶段二为 2007~2012 年，这一阶段六西格玛

的发文量开始下降，每年的发文量从 2006 年的 65 篇降到 2012 年的 23 篇；阶段三为 2013~2016 年，这一阶段发文量虽然有所上升，但上升的趋势并不明显，并且在 2016 年还出现了小幅度的下降。因而，对六西格玛管理的发展趋势，需要做进一步分析。

图 2-2　1993~2016 年发文量的统计

为了更精确地统计关键词的频次，基于文献计量 BICOMB 软件，笔者对选取的 586 篇文献的关键词进行同类词合并，并对合并后的关键词进行提取、词频汇总及排序，最后得到三个阶段排名前 20 位的关键词，如表 2-2 所示。

表 2-2　三个阶段主要关键词统计

阶段序号	阶段一		阶段二		阶段三	
	关键词	频次	关键词	频次	关键词	频次
1	六西格玛管理	74	六西格玛	116	六西格玛	46
2	六西格玛	48	六西格玛管理	47	六西格玛管理	24
3	质量管理	39	DMAIC	20	六西格玛稳健设计	18
4	韦尔奇	23	质量管理	20	DMAIC	14
5	全面质量管理	23	DFSS	17	精益六西格玛	10

续表

阶段序号	阶段一		阶段二		阶段三	
	关键词	频次	关键词	频次	关键词	频次
6	DMAIC	13	质量控制	16	质量管理	9
7	管理	11	质量改进	16	质量改进	6
8	通用电气	10	六西格玛稳健设计	11	可靠性	6
9	西格玛	9	精益六西格玛	9	DOE	5
10	流程改进	8	DOE	8	精益生产	5
11	六西格玛稳健设计	8	BPR	8	持续改进	4
12	企业流程	8	图书馆	6	优化	4
13	零缺陷	7	TRIZ	6	响应表面法	4
14	质量水平	7	过程能力指数	5	质量控制	3
15	缺陷率	7	全面质量管理	5	蒙特卡罗	3
16	过程能力	7	商业银行	5	DFSS	3
17	统计过程控制	6	供应链	5	动力系统	3
18	DFSS	6	质量特性	5	质量工程	2
19	质量成本	6	零缺陷	5	车辆工程	2
20	精益生产	6	MSA	4	服务质量	2
累计百分比	27.26%	326	28.72%	334	26.95%	173

数据分析显示，其中阶段一共得到 1196 个关键词，排前 20 位的关键词 326 个，词频占总数的 27.26%；阶段二共得到 1163 个关键词，排前 20 位的关键词 334 个，词频占总数的 28.72%；阶段三共得到 642 个关键词，排前 20 位的关键词 173 个，词频占总数的 26.95%。从表中可以看出，三个阶段中六西格玛和六西格玛管理的频次排名都在前两位，出现的频次最高。

（二）基于共现系数的阶段分析

通过表 2-2 可以看出，"六西格玛"及"六西格玛管理"出现的频次比较多，所以本书主要展示关键词"六西格玛"及"六西格玛管理"与其他多频词汇的 Ochiia 系数，得三个阶段共现系数的汇总结果如表 2-3 所示。

表 2-3 三阶段六西格玛关键词的共现系数统计

阶段一				阶段二				阶段三			
		共现系数				共现系数				共现系数	
关键词	频次	六西格玛	六西格玛管理	关键词	频次	六西格玛	六西格玛管理	关键词	频次	六西格玛	六西格玛管理
质量管理	39	0.18	0.24	DMAIC	20	0.15	0.29	六西格玛稳健设计	18	0.14	0.00
韦尔奇	23	0.00	0.24	质量管理	20	0.25	0.10	DMAIC	14	0.28	0.27
全面质量管理	23	0.12	0.32	DFSS	17	0.07	0.04	精益六西格玛	10	0.05	0.06
DMAIC	13	0.12	0.23	质量控制	16	0.21	0.07	质量管理	9	0.25	0.07
管理	11	0.17	0.00	质量改进	16	0.26	0.11	质量改进	6	0.06	0.08
通用电气	10	0.05	0.07	六西格玛稳健设计	11	0.03	0.00	可靠性	6	0.06	0.00
西格玛	9	0.00	0.04	精益六西格玛	9	0.03	0.05	DOE	5	0.13	0.00
流程改进	8	0.05	0.08	DOE	8	0.10	0.00	精益生产	5	0.13	0.27
六西格玛稳健设计	8	0.05	0.00	BPR	8	0.16	0.10	持续改进	4	0.07	0.20
企业流程	8	0.00	0.08	图书馆	6	0.15	0.06	优化	4	0.00	0.00
零缺陷	7	0.00	0.09	TRIZ	6	0.11	0.00	响应表面法	4	0.00	0.00
质量水平	7	0.05	0.09	过程能力指数	5	0.04	0.07	质量控制	3	0.00	0.12
缺陷率	7	0.05	0.09	全面质量管理	5	0.04	0.20	蒙特卡罗	3	0.09	0.00
过程能力	7	0.00	0.18	商业银行	5	0.17	0.00	DFSS	3	0.00	0.00
统计过程控制	6	0.12	0.14	供应链	5	0.04	0.20	动力总成悬置系统	3	0.00	0.00
DFSS	6	0.12	0.00	质量特性	5	0.08	0.07	质量工程	2	0.00	0.00
质量成本	6	0.06	0.00	零缺陷	5	0.00	0.13	车辆工程	2	0.00	0.00
精益生产	6	0.00	0.00	西格玛	4	0.00	0.22	服务质量	2	0.00	0.14
MINITAB	6	0.00	0.19	黑带	4	0.05	0.22	高校图书馆	2	0.10	0.14
质量特性	6	0.00	0.24	流程	4	0.09	0.07	物流管理	2	0.00	0.14
合计	—	1.15	2.60	合计	—	2.07	1.98	合计	—	1.35	1.52

通过 Ochiia 系数的变化得出以下结论：

阶段一时六西格玛管理与全面质量管理、质量管理、质量特性以及韦尔奇等词有较高的共现系数，六西格玛管理与 DMAIC、MINITAB 等词的共现系数次之。DMAIC 是六西格玛管理主要操作流程，MINITAB 是六西格玛管理应用的主要统计软件。总体来看，六西格玛与各个关键词的共现系数累计达到 1.15，六西格玛管理与各个关键词的共现系数累计达到 2.6，超过六西格玛的 2 倍。研究表明，这个阶段研究者主要是对六西格玛管理进行探索，初期的六西格玛管理主要采用 MINITAB 软件、通过 DMAIC 流程应用于质量管理方面。

阶段二与阶段一相比，六西格玛管理与质量改进和质量控制有较高的共现系数，商业银行、图书馆、TRIZ、BPR 以及 DMAIC 次之，表明六西格玛在利用 DMAIC 流程改善质量的基础之上又探索了 TRIZ、BPR 方法，同时更加注重六西格玛与实际的结合，如商业银行、图书馆。

阶段三较阶段一、阶段二，其间稳健设计与六西格玛的共现系数在总数中所占比例增加，表明研究者开始注重六西格玛设计（DFSS），这一时期尝试利用蒙特卡罗等稳健设计的方法。六西格玛管理除了与 DMAIC 有较高共现系数外，与精益生产、持续改进的共现系数也较高，这表明研究与应用的重点开始转向精益六西格玛（LSS）。同时顺应时代的发展，研究者加强了在服务质量、物流管理以及高校图书馆等领域应用研究。

（三）基于网络中心性的阶段分析

运用 BICOMB 软件，根据每阶段大约抽取 40 个关键词的原则，阶段一、阶段二选取了词频大于或者等于 3 的关键词，阶段三选取了词频大于或者等于 2 的关键词。接着将选取的关键词整合，采用 Pajek 软件，计算每个阶段关键词的中心性。参考 Guerras-Martin 和 Ronda-Pupo（2001）的研究，按照得出的中心性，将其分为三个层次，分类的标准如表 2-4 所示。同时将绘制的网络图根据中心性分类标注不同的颜色：●表示核心层节点，○表示中间层节点，●表示边缘层节点。

表 2-4 阶段关键词中心性划分标准

划分标准	对应层次	标注颜色
X<0.5	边缘	●
0.5≤X<0.6	中间	○
0.6≤X	核心	●

阶段一的关键词有 58 个，其中六西格玛管理、质量管理、韦尔奇、全面质量管理、DMAIC、通用电气、六西格玛、零缺陷以及西格玛位于核心层次（见图 2-3），中心性分别为 0.88、0.83、0.73、0.70、0.66、0.65、0.63、0.61、0.60，六西格玛管理位于绝对核心的位置；处于中间层节点的有 42 个，占总数的 72.4%；处于边缘的节点 7 个，占总数的 12.1%。由此可见，在此阶段处于中间层的节点占绝对多数。进一步分析网络节点，发现流程改进、缺陷率、企业流程、统计工具等中间层节点具有较高的中心性，在六西格玛的研究中处于比较重要的位置。边缘层中生产过程、不合格、质量控制三个关键词具有较高的中心性，与其他关键词的连接较为密切，因此也是研究的重点。可以得出 1992~2006 年，六西格玛管理是研究的核心，DMAIC 流程是加强企业

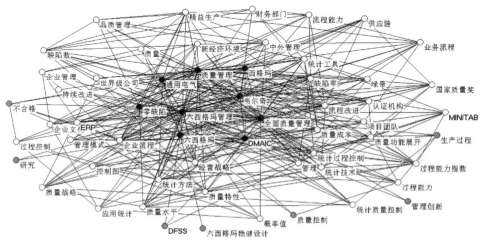

图 2-3 阶段一的关键词中心性层次分部网络

质量改进的方法。例如，六西格玛管理倡导者韦尔奇将六西格玛管理运用到通用电气，以促进质量的改进。

阶段二的关键词有 44 个，其中位于核心层次的词明显减少，包括六西格玛、六西格玛管理、质量管理，中心性分别为 0.90、0.75、0.63，如图 2-4 所示。六西格玛代替了六西格玛管理，位于绝对核心的位置。处于中间层节点的有 29 个，占总数的 65.9%；较阶段一的 72.4%，有所降低。进一步分析网络节点发现，DMAIC、质量功能展开、质量改进、零缺陷、质量特性、质量控制、DFSS、黑带以及供应链等中间层节点具有较高的中心性，在六西格玛的研究中处于比较重要的位置。这说明 2007~2012 年，六西格玛的研究在之前质量改进的基础上更加注重以黑带为中心的系统管理。

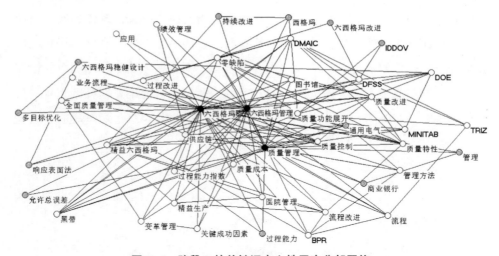

图 2-4 阶段二的关键词中心性层次分部网络

阶段三的关键词有 36 个。这一阶段中只有一个关键词位于核心层次——六西格玛（中心性：0.67），如图 2-5 所示。与前两个阶段相比，阶段三处于中间层节点的只有 4 个，包括六西格玛稳健设计、精益六西格玛、DMAIC、质量管理，占总数的 11.11%；处于边缘节点的有 31 个，占总数的 86.11%，由此可见，在此阶段处于边缘层的节点占绝对多数。进一步分析发现，边缘层中质量改进、蒙特卡罗、精益生产、DOE 等节点具有较高的中心性，与其他词的连接密切，也是研究的关注点。相比较阶段一、阶段二网络图，阶段三的侧重点主要集中在精益六西格玛以及稳健性等方面。

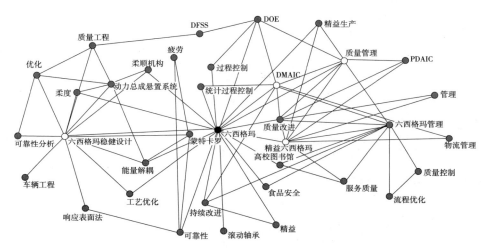

图 2-5　阶段三的关键词中心性层次分部网络

根据 Pajek 软件可以得到六西格玛三个阶段关键词的网络密度、网络聚集系数和网络平均度，结果如表 2-5 所示。从表中可以看出，网络密度、网络集聚度系数以及网络平均度都随着阶段的发展依次降低。研究表明，六西格玛关键词之间的关系逐渐下降，研究的内容越来越分散，在六西格玛传统发展基础上出现了新的热点，如精益六西格玛、蒙特卡罗、稳健性设计等节点的关联性降低。根据网络的平均度得出各阶段的关系网络在规模和结构上趋于下跌，整体上与六西格玛的发文量趋势基本保持一致。

表 2-5　三阶段关键词网络结构特性指标统计

网络特性指标	阶段一	阶段二	阶段三
网络密度	0.238	0.181	0.148
网络聚集系数	0.413	0.323	0.279
网络平均度	27.586	15.909	10.667

（四）分析结论

国内的六西格玛管理研究显现式微之态。从分析看，国内六西格玛管理研究可以分为三个阶段：1993～2006年的阶段一、2007～2012年的阶段二、2013年至今的阶段三。在国内，六西格玛管理研究较为注重其方法属性及其应用研究。早期的六西格玛研究主要关注 DMAIC 过程、各阶段的方法工具（如MSA、FMEA、DOE、SPC 等），现在着重研究六西格玛设计、稳健性和精益六西格玛等方面。六西格玛管理的应用范围从制造业延伸到服务业、公共管理等行业。

从以上的分析看，六西格玛作为质量改进的一种度量和一种方法论的理念已被广泛接受，国内相关的研究也主要强调了工具方法以及相关实践应用。相对于全面质量管理、卓越绩效模式等具有大质量（Q）特征的管理模式，国内的六西格玛管理研究过于强调方法论特征，对其相应的管理哲学、管理理念存在某种程度上的忽视，缺乏融合相关管理理论的实证研究。

三、六西格玛管理关键成功要素的研究

Yusof 和 Aspinwall（1999）在研究中小企业实施全面质量管理时指出，关键成功因素是指对组织的经营成功具有至关重要作用的因素，缺少这些因素组织将不可能取得成功。尽管六西格玛管理本身具有明显的优势，其科学的方法论特征使其成功率远高于其他管理方法，但企业在实施时面临巨大的困难和阻力，实施六西格玛管理仍是一个艰难的过程。针对企业或组织实施六西格玛管理后如何取得成功，国内外学者对此进行了深入研究。

最先将关键成功要素这一概念引入六西格玛管理中的是美国六西格玛管理专家 Snee 博士。Snee（2007）认为，实施六西格玛管理的关键成功因素是 8个特征因素的组合，分别为确定的基线结果、高层管理者的积极领导、采用严格的方法、合理的项目期限（3~6 个月）、明确界定成功、建立资源基础、关

注顾客、采用正确的统计方法。但 Keller（2001）认为，一个组织成功推行六西格玛的迹象之一是文化的变革，而推行成功的因素除了黑带必须是全职的变革推动者之外，还包含高层管理者的支持及参与、分配足够的资源、数据导向的决策过程、测量及反馈关键流程特征值四点。此外，Smith、Blakeslee 和 Koonce 等（2002）认为，为了确保六西格玛的成功推行，公司必须在组织内各阶层领导中形成执行六西格玛的承诺，整合六西格玛进入公司的战略规划，确保公司热情且持续地接触顾客，基于流程设计、组织及运作企业，发展绩效指标并进行有效衡量，建立奖酬措施。

实证研究方面，Antony 和 Banuelas（2002）通过对英国 16 家企业的研究发现了 11 个影响六西格玛管理成功的关键因素，分别为管理阶层的投入与承诺，了解六西格玛的方法、工具及技术，连接六西格玛与公司战略，连接六西格玛与顾客，心理安全感、复查及追踪，组织架构，文化变革，项目管理技术，连接六西格玛与供应商，培训，连接六西格玛与员工（人力资源）。Blakeslee（2002）认为，正确实施六西格玛管理的关键在于遵从 7 项原则：高层管理者的驱动，与公司的战略、愿景和关键绩效测量相结合，基于过程思考的框架，收集市场和顾客的信息，真正的节约和收益，全职核心团队领导带领，持续的重视和奖励。Goh（2002）从自身的长期实践和咨询经历中总结出实施六西格玛管理的关键成功因素，包括部署计划、最高管理者的主动参与、项目评审、技术支持、培训、项目选择与跟踪、激励计划、供应商计划。Lee（2002）通过实证研究发现，高层支持、六西格玛团队、项目选择、项目管理经验、教育培训是六西格玛实施的关键成功要素。

此外，Henderson 与 Evans（2002）基于对 GE 公司的研究提出，六西格玛的八个关键成功因素包括高层管理者的支持与投入、组织架构训练、与人力资源相关活动连接、早期与员工沟通、测量系统、信息技术建设、与战略相关。Ho（2006）通过六西格玛在政府部门的应用研究发现，高层的承诺、心理安全感、以顾客为中心、对六西格玛的理解和认同、激励措施对六西格玛的实施起关键作用。Ayon 和 Kay（2007）在对服务业六西格玛研究现状进行综述的基础上发现，六西格玛关键成功要素包括高层领导、教育培训、文化变革、清晰的绩效标准、以顾客为中心、与战略相连等因素。Kwak 和 Anbari（2006）在总结前人的研究基础上认为，高层领导的重视和参与、项目的选择、项目管理经验、心理安全感、组织文化变革、持续的教育和培训是关键成功要素。Abdulla 等（2009）通过分析得出，关键成功因素包括管理部门的承诺、员工参与、教育和培训、奖励和认可。Trad 和 Maximiano（2009）认为，成功关键要素包括领导能力、项目选择、培训、管理流程、黑带架构、项目团队。Jeyaraman 和 Teo（2010）认为，六西格玛管理的 10 个确定的成功因素包括管理部门的参与和承诺、奖励认可系统、黑带大师和黑带的资格、公司财务能力、经常沟通和评估结果、项目优先排序和选择、评论和追踪项目成功经历、形成好的做法和标杆、有效的培训课程、建立绩效控制指标、组织文化。Ismyrlis 和 Moschidis（2013）认为，关键因素是管理部门的参与和承诺、适当的培训和教育、文化变革、经济效益、利用统计工具和数据分析、连接六西格玛和商业战略。

薄湘平等（2009）通过调查分析提炼出 5 个六西格玛关键成功要素，包括高层领导的重视和参与、教育培训、组织文化变革、六西格玛组织、以顾客为中心。马义中等（2008）发现，大部分六西格玛管理关键成功要素分析都是基于文献研究或实际经验总结，缺乏系统观和事实数据的支持，在综述国内外研究文献的基础上，根据中国六西格玛管理评价准则，通过对国内 200 多家制造企业进行的问卷调查，利用结构化方程建模，并通过对模型进行分析和验证，构造了中国制造型企业实施六西格玛管理的成功因素模型。模型中成功的关键因素可以归纳为领导层的高度关注，建立并实施合适的六西格玛战略，以顾客和市场为关注焦点，有效的成果测量、评价和奖励方法，选择、管理和实施六西格玛项目。表 2-6 是对前述学者的研究结论的总结和整理。

表 2-6　实施六西格玛管理的关键成功要素

相关研究	关键因素														
	高层管理参与与承诺	组织文化	结合企业战略	资源的保障、获取	激励与奖励机制	沟通、合作与信任	数据分析	心理安全感	顾客导向	六西格玛系统架构	项目负责人的经验与能力	项目选择、审查与评价	遵循六西格玛流程及工具方法	培训和教育	与供应商合作
Henderson 和 Evans（2000）	√	—	√	√	√	√	—	—	—	√	—	—	—	√	—
Antony 和 Banuelas（2002）	√	√	√	√	—	—	—	—	√	√	√	√	√	√	√
Blakeslee（2002）	√	—	√	—	√	—	—	—	—	√	—	—	—	√	—
Kuo-Liang Lee（2002）	√	—	—	—	—	—	—	—	—	√	√	—	—	√	—
Goldstein（2002）	√	—	—	—	√	√	—	—	√	—	—	—	—	√	—
Smith 和 Blakeslee（2002）	√	—	—	—	—	—	—	—	√	—	—	—	—	—	—
Snee（2002）	√	—	—	√	—	—	—	—	—	—	—	—	—	—	—
Kwak 和 Anbari（2006）	√	√	—	—	—	—	—	—	√	—	—	—	—	√	—
Ayon 和 Kay（2007）	√	—	—	—	√	—	—	—	—	—	—	—	—	√	—
Li-Hsing Ho（2006）	√	—	—	—	—	—	—	—	—	—	—	—	—	—	—
马义中（2008）	√	—	√	—	—	—	—	—	√	—	—	√	—	—	—
Abdulla 等（2009）	√	—	—	√	—	—	—	—	—	—	—	—	—	—	—
薄湘平（2009）	√	√	—	—	—	—	—	—	√	—	—	—	—	—	—
Trad 和 Maximiano（2009）	—	—	—	—	√	—	—	—	√	√	√	√	—	—	—
Jeyaraman 和 Teo（2010）	√	—	—	—	√	—	—	—	√	—	√	—	√	—	—
Ismyrlis 和 Moschidis（2013）	√	√	√	—	—	—	√	—	—	—	—	—	√	√	—

第二节 团队学习的相关研究

一、团队学习的概念

关于团队学习（Team Learning）的概念，最早可以追溯到 Senge（1991）的《第五项修炼——学习型组织的艺术与实务》（*The Fifth Discipline：The Art and Practice of the Learning Organization*）。在该著作中，团队学习被作为创建学习型组织的五项修炼之一而提出。Senge 认为，团队是组织学习的基本单位，团队学习是组织学习的最重要形式，企业只有不断地学习和创新才能在复杂多变的环境中求得生存和发展。自 Senge 提出团队学习的概念以来，国内外学者对于团队学习的研究呈现逐渐深化的趋势，但对于团队学习的概念，学术界仍未有统一的定义。一般认为，团队学习是涵盖相关理论和概念的集合体，包括交流、跨边界活动和知识共享。目前，学术界主要从三个角度，包括关注行为、信息加工和结果对团队学习的概念进行了界定。这三种视角的特点、定义及代表文献如表 2-7 所示。

表 2-7 团队学习概念界定的三种取向

概念界定视角	特点描述	代表性的定义	文献来源
行为视角	团队学习是组织中团队成员的互动行为	团队学习是团队成员分析数据、发现问题、调整且改善自身的活动，其特征是寻求反馈、进行实验、反思结果，并讨论出现的各种错误或者非预期的结果	Edmondson（1999）
		团队学习是信息交换、意见完善、观点提出、做出选择并达成共识等一系列活动的组合	Andres 和 Shipps（2010）

续表

概念界定视角	特点描述	代表性的定义	文献来源
信息加工视角	团队学习是发生在团队成员之间的信息加工过程	团队学习是信息获取、信息分配、信息收敛、信息发散、信息存储以及再使用信息这五个环节循环的过程	Offenbeek（2001）
		团队学习行为包括群体水平的信息储存、信息分享和信息提取	Wilson 等（2007）
		团队学习是知识获取、信息加工、信息存储与检索等相互关联、相互依赖的活动	van Woerkom 和 Croon（2009）
结果视角	团队学习是团队成员之间的知识转移，即团队学习后的成果	团队学习就是团队成员之间的经验共享，是一种团队水平上知识和技能相对固定和持久的变化	Ellis 等（2003）
		团队学习包括结果改进、绩效控制和组织加工	Edmondson，Dillon 和 Roloff（2007）

第一，团队学习的行为视角。行为视角的研究是团队学习研究领域的主流观点，团队学习被界定为一种团队内成员间相互学习的行为。如行为学派的代表人 Edmondson（1999）认为，团队学习是一个团队采取行动、针对反馈的内容进行获取和反思并做出相应改变从而不断适应、不断改进的过程。Gibson 和 Vermeulen（2003）在 Edmondson 的研究基础上做了进一步拓展，他们认为，团队学习是由实验、反思沟通和编码三个环节构成，这是因为人们在解决非常规性问题时通常遵循寻找各种可能的解决问题的方案—对各种方案进行比较分析—将确定的方案付诸实施的逻辑。国内学者陈国权等（2008）结合中国本土情境因素研究提出，团队要保持和谐发展，必须通过有效措施促使团队成员开展学习，不断从内外部获取知识，协调自己的行为满足团队体系优化的要求，最终适应内外部环境变化。随后 Andres 和 Shipps（2010）提出，团队学习应该是团队成员在团队活动中一系列行为的组合，通常包括彼此交换信息、提出基本观点、提供补充完善的意见以及筛选并最终达成共识等。

第二，团队学习的信息加工视角。团队学习被界定为团队成员对内外部信息进行梳理、加工、分析和整合的过程。如 Offenbeek（2001）认为，团队学习是针对信息进行获取、分配、收敛、发散、存储及再使用的循环过程。Wilson 等（2007）将团队学习简化为存储、分享和提取的信息处理过程。此外，van Woerkom 和 Croon（2009）将团队学习界定为信息获取、加工以及检索等活动的组合。

第三，团队学习的结果视角。该视角认为，团队学习就是促进相关知识在团队成员之间迁移的过程。如 Argote（2009）将团队学习看作一个行为集合或者过程，个体通过这些行为集合或过程获得并分享知识与经验。Ellis 等（2003）则进一步补充认为，在互动过程中，团队成员不仅分享专业知识，而且还会就自己的工作经历和经验与他人进行沟通交流。这种交流不只是停留在认知层面，更多地会渗透到情感层面。Edmondson、Dillon 和 Roloff（2007）将团队学习归纳为三个结果，包括结果得到改进、绩效得到控制及组织加工过程。

通过对团队学习概念界定的三种视角进行分析发现，尽管持不同视角的研究者对团队学习的概念内涵理解各有侧重，但是均有可取之处。因此，综合三种取向的观点，全面理解团队学习非常必要。综上所述，可以认为团队学习是团队成员通过互动不断获取、整合和分享知识，并在此基础上不断改善行为、优化团队体系、提升组织适应性以达到组织目标的过程。

二、团队学习的分类

考虑到团队学习取决于团队的类型、任务的性质和团队所处的情境，笔者对早期研究团队学习的文献进行了不同的划分。

（一）利用式学习和探索式学习

March（1991）提出了组织学习二分模型认为，可以将组织学习分为利用式学习和探索式学习，这两种学习是相互区别却又相互补充的。

利用式学习（Exploitative Learning）包括改良、筛选、抉择、实施和执行等活动，一般而言是对旧规则的重新适用，是在旧规则的基础上进一步的改良和修订，从而提高其使用的效率和效果。利用式学习对目前任务的改善是建立在现有技术发展路径之上的，通过团队的思考、实验改进、筛选和重新使用现有方法来获取知识。Winier（2002）和 Filiou（2005）也明确指出，对现存知识的挖掘可以促进整个团队的学习，因为该过程是对新方法在具体情境下的复制，将新方法吸收到现有流程中来完成具体的任务。

总之，利用式学习的本质是对现有核心能力、技术和范式等方面的深化和延伸。但是 March（1991）认为，在两种情况下这种学习无法改善组织境况或者使组织能适应当前的环境：一是企业所处环境发生变化，如进入一个新兴的产品市场或者国外市场，面临消费者的习惯和消费偏好的差异，或者由于技术更新换代使原有的生产设备和生产流程不适应市场需求；二是企业面临的市场竞争趋于白热化，技术所能带来的差异化并不能给企业带来额外的利润，产品的边际利润很低甚至趋于零，这时无论企业利用何种已有知识，都不可能保证企业在新环境中长久生存下去。

探索式学习（Exploratory Learning）是指搜寻全新的机会、尝试寻找新的技术发展路径以及开发新的技术能力。它可以简单定义为对新技术或者新领域知识的创造和获取、传播和共享、整合和应用。探索式学习往往是在现有知识、技术以及行动策略难以使企业或团队适应环境的内在要求、难以取得更好发展时所进行的搜索和尝试。它通常伴随着技术上的重大突破或者新兴市场的发现以及新产品和新工艺的创新。

需要注意的是，探索式学习有两个局限性：其一，由于企业不具备现成的经验，因此在其开发并采用新的技术和方法时存在风险，没有人能够对该结果是否能为企业带来成功做出准确预测，且其面临的收益是不确定的。其二，企业开发新的技术和方法、探求新的机会和市场所付出的成本较高。不仅如此，由于企业内的员工倾向稳定、反对变化，因而如果企业采用新的流程或者制度，极有可能招致员工的反对，不利于企业的和谐发展。对两种学习的总结与比较如表 2-8 所示。

表 2-8 利用式学习与探索式学习的比较

因素	探索式学习	利用式学习
行为	探寻新规则、新技术、新流程、新产品	组织资源、注意力和行动集中在特定方案上
特点	具有差异化特点，难以模仿	反馈更直接、更迅速、更清晰
效益	获取核心竞争力的重要来源	提高企业当前绩效，减少风险和变化
局限	不确定性大、风险高	难以适应动态环境和激烈的市场竞争

关于探索式学习与利用式学习之间是相互矛盾还是相互补充，学术界一直存在争论。March（1991）认为，两者之间应该是一种平衡关系，这也是当今学术界的主流观点，即对于企业生存而言，探索式学习和利用式学习都是必需的。但是，少数学者则认为两者之间可能是不兼容或者相互排斥的。因为团队在一段时期内的资源和精力是有限的，关注一种学习就势必意味着对另一种学习缺乏重视，不可能同时分配在两种学习上，否则容易导致两者的学习程度都不足，严重影响团队的整体学习效果。此外，也有少数学者认为这两种学习之间是互补的关系。Zollo 和 Winter（2002）认为，利用式学习和探索式学习之间除了存在某种程度的权衡之外，相互之间还存在着回归和共同演化的关系，因而团队可以同时进行两种方式的学习。也就是说，团队在进行利用式学习的同时，也应该尝试探索新的领域、研究新的技术，找到新的替代方案，以此来维持团队和组织的竞争力。

（二）单环渐进式学习和双环转换式学习

单环渐进式学习（Single-loop Incremental Learning）和双环转换式学习（Double-loop Transformative Learning）是由 Argyris 和 Schön（1980）所提出的与利用式学习和探索式学习类似的一种构念。他们认为，规则和目标存在于任何一个企业中，是由企业长期的行动积累形成。团队和组织在以后的学习中，在现有规则和目标的条件下，或者利用，或者调整和修订。

单环学习是指通过对现有规则的利用，对团队行动中的错误进行修正，以达到团队的目标。通过这种渐进式的修正，能够不断提高团队的效率。双循环学习则是由于团队和组织中出现了一些难以预料的问题或者错误，在现有规则下不可能通过修正来达到团队和组织的目标。此时，团队成员只能重新制定新的规范或者对目标进行反思，在重复的试验后找到合适的策略，解决问题，从而实现团队和组织的目标，使团队保持正常运行。

（三）团队内部学习与团队外部学习

团队学习还可以简单划分为团队内部学习和团队外部学习。其中，团队内部学习包括提出问题、寻找反馈、分享信息、实验、谈论错误以及其他允许团队成员基于经验学习的活动。有些研究证明在团队层面的内部学习活动对绩效有正面的影响，并提出许多提高绩效的机制。特别地，通过内部学习活动，团队能甄别并修正错误，改善团队对某一情境的集体理解，或者发觉某些意外结果的事先行为，提高团队工作的质量和结果。

最近的研究表明，从事外部学习活动能够为团队提供团队内部学习活动所不能给予的机会。Wong（2004）证明内外部学习存在显著差别。Hansen 等（2005）发现了同样的结论，但是受到任务情境的调节。Zellmer - Bruhn（2016）测量了团队从外部获取知识的过程并证明其与绩效正相关。

三、团队学习的结构与测量

国内外研究者对于团队学习的研究取向有所不同，对团队学习内涵的理解也存在着较大差异，因此，研究者对于团队学习结构要素的研究结论也存在一定分歧。通过文献研究，本书将一些具有代表性的团队学习结构研究结果进行了梳理和总结，具体内容见表2-9。

从表2-9可以看出，研究者们对于团队学习结构内容要素的研究结论仍存在较大分歧，目前尚没有被一致认可的可以用来测量团队学习的指标。这其中的原因可能有以下几点：①研究领域存在差异；②不同研究所选择的研究对象存在差异；③研究取样的数量与代表性存在差异；④研究者的背景和研究视角存在差异；⑤研究者所掌握资料的数量与质量存在差异等。由于在以上团队学习结构研究中，大部分研究者对其团队学习的量表只进行了探索性因素分析，缺乏对量表结构效度的检验。

表 2-9　团队学习的结构要素研究

结构数量	结构要素名称	文献来源
两因素结构	互动性学习、反思性学习	毛良斌（2010）
三因素结构	学习承诺、共同意愿、开放心智	Baker 和 Neailey（1999）
	寻求反馈、讨论错误、从客户和其他渠道寻找信息和反馈	Edmondson（1999）
	信息采集、团队信息处理、信息存储与检索	Offenbeek（2001）
	实验行为、沟通行为、记录行为	Gibson 和 Vermeulen（2003）
	分享、存储、提取	Wilson 等（2007）
	合作、适应、持续改进	Knott（2009）
	信息获取、信息处理、信息存储与检索	van Woerkom 和 Croon（2009）
	知识分享、知识存储、知识重获	莫申江和潘陆山（2011）
四因素结构	定义与再定义、整合观点、实验行为、跨越边界	Sauquet（2000）
	团队生产过程、团队维持过程、团队构成、团队记忆	Lynne（2002）
	产生、探索、比较、选择	Stempfle 和 Badke-Schaub（2002）
	提出问题、计划、做出决策、完善补充	Jules（2007）
	知识获取、信息发布、信息诠释、组织记忆	Islam 等（2009）
	试验、沟通、反思、记录	卢小君和李明斐（2010）
五因素结构	信息交换、意见完善、观点提出、做出选择、达成共识	Andres 和 Shipps（2010）

四、团队学习与团队绩效关系的研究

学习是工作的前提和基础，Jules（2007）的研究表明，团队学习行为能够让团队成员相互分享知识、共同解决团队面临的问题，从而有助于提升团队绩效。此外，团队学习行为可以激发团队成员产生新想法和新概念，逐步显现出创新灵感，并呈现新创意，而这些新创意最终成为衡量团队创造力的重要体现。此外，团队学习不仅可以直接影响团队绩效，而且还可以在其他前因变量和团队绩效之间起到中介和调节作用，总而言之，团队学习或者直接影响团队绩效或者间接影响团队绩效。

（一）团队学习与团队绩效的直接关系研究

在团队学习这一领域的研究中，绩效一直是团队和组织中重要的结果变量。国外学者（Bunderson 和 Sutcliffe，2003）发现通过团队学习，团队能够更好地适应环境，不断优化和完善工作流程，取得更高水平的团队绩效。van Woerkom 和 Croon（2009）研究表明团队学习与团队任务绩效存在正相关关系，并且还能提高团队中人际关系的质量。Jules（2007）也进一步证明了团队学习对团队绩效的积极作用。Henrik 等（2014）研究了团队外部学习和团队绩效之间的关系，他将外部团队学习活动分为代替学习活动和情境学习活动，前者指学习以前发生或同时发生的与任务关键方面相关的他人经验，后者指员工从外部资源中学习与情境关键方面相关的内容。代替学习可以从他人那里获得经验，解决目前问题，避免重复的错误，减少成本的浪费。但是，只有在内部学习存在的情况下，代替学习才与绩效正相关，这是因为外部观察到的经验必须经过内部消化才能转化为团队的知识。情境学习则使员工确信他们所生产的产品符合顾客的价值取向，以及他们的技术不会滞后于市场，从而得以提高团队的绩效。国内学者莫申江和谢小云（2009）采用 IMOI 的研究范式，发现团队学习通过交互记忆系统对团队绩效产生积极作用。

此外，研究还发现，团队学习对团队创新或者团队创造力（赵娟和张炜，2015）和团队有效性产生积极的作用（毛良斌，2010）。如 Bain、Mann 和 Pirola-Merlo（2001）研究发现，项目团队的创新过程提高了团队的研发能力。Konstantinos 等（2019）研究了团队学习和团队效能之间的关系指出，在动态的环境下，团队能够尝试不同的想法、寻求改善工作完成的方法。这将使得团队理解其所处的环境，提高其运用多样化知识来满足任务要求和改善方式的能力，而这些正是探索式学习所从事的活动。故而探索式学习有利于提高团队效能。此外，团队也会采取减小变异的方法来解决问题，通过减小模糊性，从错误中学习来保证高质量工作的完成，这正是利用式学习的结果。所以，利用式学习也是提高团队效能的重要途径。

（二）以团队学习为中介的相关研究

已有研究对新产品开发团队（Sarin 和 Mc Dermott，2003）、信息技术开发和实施项目团队（Lee 和 Choi，2003）以及医院中的最佳实践或新技术实施项目团队（Edmondson 等，2003）等的团队学习进行了深入研究，探讨了团队学习为中介时对项目绩效的影响。例如，Sarin 和 McDermott 通过调查来自 6 家高科技公司的 52 个新产品团队（229 名成员）发现，团队领导能力能够促进团队学习，进而提高团队绩效。Wong（2004）通过对 4 个公司的 73 个团队的团队成员和团队经理进行调查走访后发现，本地学习（团队内部）可提高团队效率，远程学习（从外部来源学习）可提高团队创新性，同时实施本地学习和远程学习的团队能够拥有更好的表现。van der Vegt 和 Bunderson（2005）通过对 57 个团队的成员和主管的调查发现，团队身份认同调节专业知识多样性对于学习行为和绩效的影响。Arumugam 等（2013）的研究表明，团队学习活动能够在团队投入（如组成、结构和情境）和团队产出（如创新、效率和质量）之间起到中介作用。Zellmer-Bruhn 和 Gibson（2006）研究发现，团队自主性的组织环境对团队学习同时具有积极和消极的影响，团队学习提升任务绩效与人际关系。Tucker（2016）对 23 个医院改进项目团队的研究发现，团队学习在心理安全感与新实践的实施成功中起到中介作用。

表 2-10 总结罗列了相关研究的关键发现，揭示出团队结构（如团队情境和领导行为）以及共享信念（如团队心理安全感）能够通过团队的学习行为来影响团队绩效，即团队学习在各实践要素与团队绩效之间起到中介作用。

表 2-10　以团队学习作为中介变量的团队绩效研究

作者	数据和方法	自变量	中介变量	因变量	主要发现
Edmondson（2003）	1 家制造企业的 53 个工作团队；调查，访谈和观察	心理安全感；团队效能；领导培训；情境支持	学习行为	团队绩效（满足客户的需求和期望）	团队设计和领导→心理安全感；心理安全感→学习行为→团队绩效

续表

作者	数据和方法	自变量	中介变量	因变量	主要发现
Sarin 和 McDermott (2003)	6 家高科技公司的 52 个新产品团队 (229 名成员);调查	领导特点	团队学习	团队绩效:创新的水平;对于市场的反应速度	团队领导→团队学习→团队绩效
Wong (2004)	4 个组织的 73 个团队的团队成员和团队经理;调查	团队凝聚力 (团队内部支持的强度和关系);任务条件	本地学习;远程学习	团队效率;团队创新	本地学习→团队效率;远程学习→团队创新;团队凝聚力→远程学习;团队凝聚力→本地学习
van der Vegt 和 Bunderson (2005)	57 个团队的成员和主管;调查	团队身份认同	学习行为	绩效	团队身份认同调节专业知识多样性对于学习行为和绩效的影响
Zellmer-Bruhn 和 Gibson (2016)	来自 5 家跨国制药和医疗公司的 115 个团队和监事	团队自主性	学习行为	团队创建新过程和实践的程度	团队自主性的组织环境对团队学习同时具有积极和消极的影响;团队学习→任务绩效;团队学习→人际关系
Tucker 等 (2016)	23 个医院改进项目团队	心理安全感;支持新实践的证据水平	学习活动:利用式学习和探索式学习	新实践的实施成功	证据的水平→实施成功;心理安全感→探索式学习→实施成功

第三节　知识创造的相关研究

　　管理学界对知识创造的研究始于 20 世纪 90 年代中期,自 Nonaka 等 (1991) 通过对日本企业技术创新的实证研究并提出"知识创造型企业"的概念以来,各国学者在这一领域进行了不断的研究和探索,围绕着知识创造的相关概念、过程以及知识创造与企业绩效的关系等方面进行了广泛研究。

一、知识的定义

常见的"知识"是基于哲学认识论进行定义的，知识被认为是知觉或表象（感性知识）和概念或规律（理性知识）的集合体。不同的学者对知识做了各自的定义。表 2-11 总结了已有研究中关于知识的定义。

表 2-11　知识定义的汇总

研究者	对知识的定义
Badafacco（1991）	知识是从人类活动中所获取的真理、原则、思想和信息；它也包含了企业所创造的各种形式的知识，可以销售或用以改良现有产品、创造新产品，或改变生产过程乃至管理方式
Beekman（1997）	知识是将信息和资料做有用的推理，以便能积极地提高绩效、解决问题、制定决策、学习和教学
Den Hertog 和 Huizenga（1997）	知识就是对信息的搜集和整理，以实现某一功能或完成某项任务
Davenport（1998）	知识是一种流动性的综合体，包括结构化的经验、价值和经过文字化的信息。此外，也包含专家独特的见解，为新经验的评估、整合与信息提供架构
Harris（1998）	知识是信息、文化背景和经验的整合
Hedlun 和 Nonaka（1998）	知识可以定义为体现在产品或服务中的技能和专长，以及认知的过程
Holtshouse（1998）	知识是一种"流量"（flow）的概念，即知识可以在知识的提供者和需求者之间相互交流；对知识提供者而言，是一种选择性"推"的过程，对知识需求者而言，是一个"拉"的过程，当两者平衡时，就会产生最适当的流量
Leonard 和 Sensiper（1998）	知识是相关的、可行动化的信息，它至少部分基于经验；知识是信息的一个子集，它是主观的，和有意识的行为有关，拥有经验中的隐性成分
Long 和 Fahey（2000）	知识是人们思考和精神的一种产品，它是一种根植于某个人或某个集体，或嵌入在某个过程中的资源，它是情境化的；知识嵌入在语言、故事、概念、规则和工具之中

续表

研究者	对知识的定义
Nonaka（2004）	知识是一种被确认的信念，通过知识持有者和接收者的信念模式和约束来创造、组织和传递，在传递知识的同时也传递着一整套文化系统和相关的背景系统
Wiig（2007）	知识是在吸收信息后，个人通过经验、价值观和信仰的整合应用与思考、反应和行动，进一步将信息转换所获得的
Weggema（2008）	知识是个人的能力，应被看作是信息、经验、技能和态度的共同产物

实际上，对知识的不同定义反映了学者基于不同的层面和视角对知识术语的搜索、质疑、重构和进步。本书将研究中所涉及的知识定义为承载于主体内部，所有可被证实、能够为组织发展带来实际或潜在收益的真实信念和经验。在此定义下，知识包括三个方面的内容：①在实物中得以具体化的技能和专业知识；②诀窍类知识和事实类知识；③存在于组织的不同数据库、过程、工艺流程、惯例和结构的能力。

二、知识的分类

在知识理论界，对知识的分类有几种不同的区分方式。其中最主要的一种是奥地利哲学家Polanyi（1967）的显性知识和隐性知识的分类，Polanyi强调了隐性知识在创造中的重要性。显性知识是指记录在各种介质上的知识，如图书、档案、数据库、各种计划、总结、报表等。隐性知识是指存在于人的头脑中未编码的经验性知识，如个人的技术诀窍、直觉、想象与创意等。隐性知识与显性知识之间的区别可以看成是经验性知识与系统性知识之间的区别。隐性知识是通过个人学习和经验积累而来的，具有高度私人化的特性，并很难用语言来解释，因此个人很难同其他人交流这类知识。在隐性知识中，不同知识之间具有很细微的差异，人们很难表达出这种细微差异，然而隐性知识的分享是学习型组织提高效率的关键。隐性知识不是不能学习的，人们可以通过在实际活动中观察和获取隐性知识。由于隐性知识的特点，它成为知识管理的主要研究对象。与隐性知识相反，显性知识很容易被整理和形式化，因此很容易在不同人之间传播。

根据知识的管理方法和使用目的不同，学者提出了不同的知识分类结构，比较常见的知识分类如表 2-12 所示。

表 2-12　常见的知识分类

研究者	分类	依据
迈克尔·波拉尼（M. Polanyi）	显性知识 隐性知识	按照知识获取和传递的难易程度
联合国经济合作与发展组织（1997）（OECD）	事实知识 原理知识 技能知识 人力知识	从知识使用的角度
Barton（1993）	个体知识 组织知识	知识依附的对象不同
Johannessen（1999）	显性知识、系统化知识、关系性知识、隐性知识	——
Inkpen 和 Dines（1998）	有意识的知识、无意识的知识和团队的知识	——
Blumentritt（2004）	普通知识、社会知识、具体化知识	知识的转移难度
Spender（1994）	个人显性知识、个人隐性知识、组织显性知识、组织隐性知识	从组织知识的角度
戈黎华（2000）	战略性知识、陈述性知识、程序性知识和策略性知识	企业知识的性质
Nonaka（2000）	概念性知识、系统知识、作业知识和共感知识	企业知识创造螺旋和四种模式所创造的知识内容
Sveiby（2007）	人力资产、结构资产、外部资产	不同知识资产的角度
于晓庆（2007）	经验性知识资产、概念性知识资产、系统性知识资产、程序性知识资产	企业知识资产
高章存和汤书昆（2008）	灰性知识	认知心理学的视角分析
武欣和吴志明（2008）	重叠性知识、分布性知识、个人隐性知识	基于共享心智模型的理论

三、知识创造的概念

知识创造（Knowledge Creation）的概念率先由日本学者 Nonaka（1991）提出。他认为，知识创造是组织在内部或组织间创造、分享显性知识与隐性知识的一个连续过程，即在一定范围内，知识被创造、分享、扩充、放大和验证（Nonaka 等，2000）。在此基础上，Pentland（2015）将知识创造的核心归纳为组织在发展过程中，新的显性知识与隐性知识对原有知识内容的替换。我国学者温泽凯（2014）认为，知识创造之所以产生是由于外来知识进入组织内部知识库以及显性知识和隐性知识的交融转化。由此，知识创造又可以被理解为组织增加内部知识存量的动力和活动（齐鑫，2018）。从组织可持续发展的视角分析，知识创造理论的提出合理地解释了知识在显性维度与隐性维度间的交互关系，以及知识从个体层面延伸至团队层面、组织层面的增长过程。

其中，团队知识创造是许多组织普遍采用的知识创造方式。从形式上看，个体作为知识集合的最小单元，其知识具有专属性、动态性、多样性等特点。而团队是由多个具有不同知识基础的个体构成的知识集合体。因此，如果将个体知识创造视为知识从低层级向更高水平的提升，那么团队的形成就为个体知识创造提供了有利的条件，帮助知识快速地进行整合与互补，进而实现个体知识向组织知识的转换（赵健宇，2014）。可见，对于组织而言，团队知识创造是组织将个体知识转化为组织知识的关键要素。

四、知识创造的过程研究

（一）知识创造的 SECI 模型

学者对知识创造进行了大量的研究，其中以 Nonaka 和 Yoyama（2000）提出的 SECI 螺旋模型影响最为广泛。他们从隐性知识和显性知识的相互转化、相互作用关系出发，提出知识创造就是在这种相互转化的过程中实现的。SECI 螺旋模型概括了显性知识和隐性知识之间的四种转化过程，具体而言，包括：①隐性知识—隐性知识的社会化过程，主要通过支持知识共享的企业文化和有效的隐性知识转移来实现；②隐性知识—显性知识的外在化过程，外在化又称编码化，主要通过对人脑中存在的隐性知识进行归纳总结，并以编码的方式表现出来；③显性知识—显性知识的组合化过程，主要是将现有的显性知识通过归纳整合，形成更为系统化的显性知识；④显性知识—隐性知识的内在化过程，主要通过人在工作中吸收系统化的显性知识，经过体验转化为自有的隐性知识。

在显隐性知识相互间不断转化的螺旋式上升过程中创造出新的知识，这就是知识创造过程。SECI 螺旋模型如图 2-6 所示。

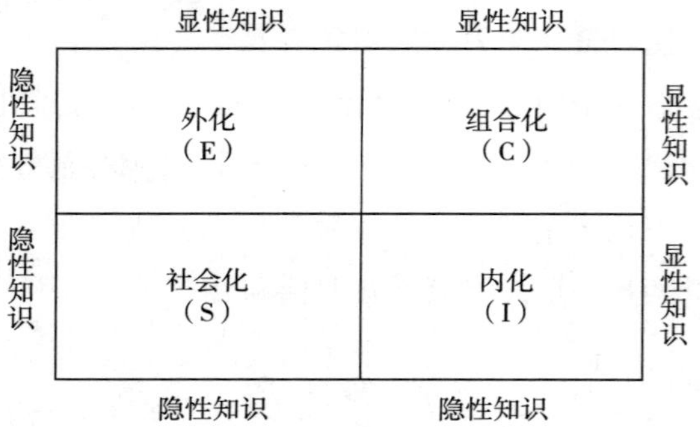

	显性知识	显性知识	
隐性知识	外化（E）	组合化（C）	显性知识
隐性知识	社会化（S）	内化（I）	显性知识
	隐性知识	隐性知识	

图 2-6　SECI 螺旋模型

知识创造的四种模式具体的内容如表 2-13 所示。

表 2-13　知识创造的四种模式

模式	过程	方法	含义
社会化 Socialization	隐性知识—隐性知识	讨论、交流、模仿、实践	通过各团队成员将各自的隐性知识（如经验）交流共享来创造新的隐性知识，也就是将个人的隐性知识转化为团队隐性知识的过程
外化 Externalization	隐性知识—显性知识	比喻、比较、演绎、推理	掌握隐性知识的个体通过比喻、类推、模型等思维方式或某种工具的运用将隐性知识外显化，这样明晰的显性知识就很容易与其他人一起共享，并且成为新知识的基础

续表

模式	过程	方法	含义
组合化 Combination	显性知识— 显性知识	编码、分类、排斥、划分	团队人员将企业内部知识库中的显性知识以及从外部收集的显性知识以某种方式进行组合、编辑、处理，最后逐渐形成新的显性知识
内化 Internalization	显性知识— 隐性知识	体会、体验、阅读、聆听	团队成员在外部化模式和组合式模式所创造出的显性知识的基础上创造出隐性知识的过程

（二）知识创造过程的研究

Nonaka 和 Takeuchi（1995）提出的 SECI 模型指出，企业知识创造是企业内不同层次主体的隐性知识与显性知识之间的有效互动与转化。与知识转化的四种模式（社会化、外部化、组合化、内部化）相对应，知识创造过程主要有五个阶段：分享隐性知识、产生概念、修正概念、建立原型、跨部门拓展知识。第一阶段分享隐性知识包括自主性和创造浑浊引发的社会化，激发创新想法的过程。第二阶段产生概念是利用自主性和必要多样性引发的外化过程，明确创新想法。第三阶段修正概念可以通过动力带来的内化过程证明创造的新知识。第四阶段建立原型是整合冗余和多样性来保证想法变成现实。第五阶段跨部门扩展知识是利用自主性、冗余和多样性把个体知识转化成组织知识。

虽然 SECI 模型对知识创造具有较强的解释力，但从动态性和目的性的视角出发，该模型仍存在一定的不足。对此，部分学者结合自身研究领域的特征，从不同方面对 SECI 模型予以补充和完善。为了更加清晰地展示，笔者将国外学者对知识创造过程的研究进行了梳理，如表 2-14 所示。

表 2-14 知识创造过程的研究

研究者	研究主题	研究结论
Scharmer （2000）	考虑到新知识信息内容的超越性，通过改进 SECI 模型提出了知识创造的双重螺旋模型	知识创造不应仅局限于知识自身形态的变更，而是显性知识和自我超越的隐性知识的相互转化，即显性知识、得以编码或表述的隐性知识，以及自我超越的隐性知识三种类型知识间的交替，进而成为组织创造新知识的源泉和动力

续表

研究者	研究主题	研究结论
Gray（2001）	关于知识管理实践的解决问题的观点	提出一种面向问题求解和决策过程的知识管理框架（鼓励创造性→知识创造→知识获取→提高认识）
刘希宋和张长涛（2012）	企业产品开发断点学习策略浅析	"鼓励创造性"是发现新问题的过程，"知识创造"是寻求创造性解决方案的过程，"知识获取"是知识整理、沉淀的过程，"提高认识"是知识共享和知识目录化的过程
任庆涛和王蔷（2013）	知识型企业知识创造的动态模式	应当将社会知识和个人知识共同作为企业知识创造的源泉，并将知识创造的全过程划分为知识输入、知识转化、知识嵌入和知识积累四个阶段
耿新（2003）	知识创造的 IDE－SECI 模型	SECI 模型忽略了企业外部知识的吸收与转化，于是在引入外部个人或组织的明晰知识与默会知识的基础上，将企业知识创造过程延长为七个阶段：外部引入、传播共享、解释内化、潜移默化、外部明示、汇总组合和内部升华
Fong（2003）	多学科项目团队的知识创造：过程及其动态相互关系的实证研究	针对多功能团队提出了知识创造的过程：边界交叉→知识获取→知识产生→知识整合，而项目学习则贯穿始终
沈桂平和任红波（2004）	高新技术企业知识创造机理研究	将动态知识价值链引入知识创造过程研究中，将知识创造过程划分为知识获得、知识选取、知识融合、知识创造、知识扩散和知识共享六个阶段
薛加玉（2004）	企业的知识本质与知识创造	将企业知识创造与使用的全过程总结为：知识获取→个体创造→知识扩散→知识转化
Yang（2010）	适用于学习型组织的知识创造战略模型	以探索、开发、机构创造、组合为模式提出该模型，进一步明确了组织学习与知识创造的相互关系，指出组织成员的个人学习是实现组织知识创造的基本要素，在一定程度上刻画了"个人—组织"知识转移的动态过程
李柏洲（2013）	知识创造的量子化跃迁模型	通过对知识积累、知识跃迁和知识衰减三个知识创造模式的分析，进一步厘清了知识由个体直至组织的动态演化机理，诠释了渐进式学习与突变式学习相结合的新旧知识更迭关系及知识增长的路径

　　通过对现有知识创造过程模型的分析可以发现，虽然学者对知识创造的模式进行了不同视角、不同维度的划分，但现有文献均认为，知识创造是一个以

个体为单位，通过知识的流动进行知识转化，进而形成新知识的过程。

五、知识创造与绩效关系的研究

关于知识创造与绩效的研究，一般从个体、团队（项目）、组织几个不同层面展开，主要的研究内容包括知识创造过程本身的绩效，以及知识创造作为自变量对不同层面绩效的影响。

（一）知识创造绩效的研究

由于知识具有无形性、创新性、情境嵌入性、难以观察性等特点（Sveiby，1997），其"质"和"量"本身都是非常难以准确衡量的，对知识创造绩效的定量研究以及相关评估模型较少（姚威，2009）。秦世亮等（2004）强调，企业知识是由企业内部单个的个人知识以及在此基础上形成不同层次上知识的有机集合体，个人知识创造是企业知识创造的基础和源泉，所以辨析个体知识创造的绩效是有效追溯企业知识创造绩效的根源。韩维贺和季绍波（2006）分析了知识创造的四个转化模式与知识创造效果的关系，感知知识管理有效性被作为衡量知识创造效果的标准。Lin 等（2007）认为知识的创造管理过程直接影响企业知识绩效，具体体现在知识广度（Knowledge Broadness）、知识增值度（Knowledge Growth）和知识集成度（Knowledge Integration）；周晓东和项保华（2003）认为知识在内部转移的效果主要应当从知识转移的广度、深度、速度、成本与收益等予以综合分析；王红丽等（2011）提出，知识转移成本降低、知识资产不断蓄积、知识交互创造等"内部绩效"是衡量企业知识创造绩效的重要指标。Sabherwal 和 Becerra-Fernandez（2003）从个体层面知识绩效、团队层面知识绩效和组织层面知识绩效来评估 SECI 四个知识创造过程对绩效的影响。

（二）知识创造作为自变量的研究

大量的实证研究证明了知识的创造可以显著地提高企业绩效和创新成功率

（Tiwana，2004）。Lee 和 Choi（2003）认为，知识创造过程将影响知识满意度（无形利益）和组织有效性（有形利益）两个层面的企业绩效。Li 等（2009）研究发现知识创造过程有利于企业收益增长、效率提升以及员工成长。

朱秀梅等（2011）基于中国 11 个省、市 206 个新产品开发项目的问卷调查数据，进行了实证分析。研究发现，知识获取和知识整合对新产品开发项目绩效具有显著影响，环境动荡性正向调节知识获取、创造、整合与新产品开发绩效关系，产品创新性对知识获取、创造、整合与新产品开发绩效之间关系的调节影响均不显著。

刘冰峰（2010）根据"输入—处理—成效"的框架结构，将组织知识创造、组织创新纳入对组织绩效的研究当中，构建了知识转移、知识转化、管理创新、技术创新与组织绩效的理论模型。

第四节　研究评述

通过六西格玛管理相关研究文献，以及本书涉及的团队学习、知识创造等相关研究文献的回顾可以发现，尽管六西格玛管理已逐渐成为质量改进的主流方法之一，也有不少学者和咨询专家对六西格玛管理进行了不同角度的研究，但现有的六西格玛管理研究仍然存在以下不足：

一、融合管理理论、以理论构建为目标的实证研究数量较少

六西格玛管理具有一套系统、完整的方法论体系，因此，国内外关于六西格玛管理的研究主要停留在工具方法的研究与应用上。特别是国内关于六西格玛管理的研究具有明显的方法属性，研究内容方面以应用研究、案例研究为主。然而，在实践中，六西格玛方法体系应用带来的效果却不尽相同，许多企业未能取得应有的效益。这就需要重新审视六西格玛管理背后的管理哲学、管

理理念，融合团队学习、知识创造等相关管理理论，基于企业的六西格玛实践，从多元视角、微观层面进行理论构建与实证研究，从而探寻六西格玛管理获得成功的内部机制。

二、相对于组织层次的研究，聚焦六西格玛项目的研究涉及较少

根据分析，国内外学者聚焦于组织层次对企业实施六西格玛管理的成功关键要素进行了探讨，总结出相应的关键成功要素。相对于组织层面的关键成功要素研究而言，在项目层次，针对六西格玛项目的研究却少有涉及。六西格玛管理通过有组织、有计划地实施六西格玛项目而实现其经济效益，很显然，保证六西格玛项目绩效是企业成功实施六西格玛管理的重要基础，也是决定性因素。对质量管理研究需要落实到质量改进团队或项目等实施主体，从更微观的层面深入探究质量改进实践的内在作用机理。同样，理解六西格玛如何给组织带来收益，必须对影响六西格玛项目绩效的因素及其作用机制进行深入研究。

三、团队学习、知识创造等相关研究六西格玛管理对质量改进实践方面的涉及较少

以团队学习为中介的团队绩效研究，目前主要集中在新产品开发等项目团队，六西格玛项目团队涉及较少。知识创造的相关研究也主要以组织层面的知识创造绩效为主。与其他项目相比，六西格玛项目团队具有鲜明的特征：首先，六西格玛项目团队是临时的，拥有较短的项目持续时间；其次，团队成员社会关系不像其他项目团队那样密切；最后，六西格玛项目团队的学习是通过项目期间开展的具体实践以及整合成员个体知识以解决相关问题来实现的。可见，六西格玛项目的团队学习与知识创造，与其他项目存在较大的差异，因此有必要开展系统深入的研究，探究团队学习与知识创造对六西格玛项目绩效的作用机制。

本章小结

　　本章围绕第一章所提出的研究问题，将对本书所关涉的主要理论基础及相关研究进行评述。首先，对六西格玛质量管理进行概述，内容包括西格玛管理的内涵、组织体系、流程与方法、六西格玛项目管理与项目绩效；其次，针对国内六西格玛管理研究进行了主题分析，并着重评述了六西格玛管理关键成功要素的相关研究；再次，对团队学习及其相关研究成果进行了回顾，包括团队学习的概念、分类、测量，以及团队学习与团队绩效关系的研究；又次，对知识创造及其相关研究成果进行了回顾，包括知识的定义与分类、知识创造的概念与过程、知识创造与绩效关系的研究；最后，对上述研究进行评述，指出现有六西格玛管理研究存在的不足。

第三章　基于扎根理论的六西格玛项目绩效影响因素研究

　　根据本书预设的理论模型，需要进一步辨识与提炼六西格玛项目绩效影响因素以及相应的中介因素和情境因素。六西格玛项目绩效影响因素有别于组织层面实施六西格玛管理关键成功要素，更加聚焦于具体的六西格玛项目本身。如何确定六西格玛项目绩效的影响因素，可以有两种思路：一种思路是根据组织层面实施六西格玛管理关键成功要素，从中辨识与提炼适合项目层面的因素；另一种思路是采用质化研究的方法，确定相应的影响因素。鉴于围绕六西格玛项目绩效影响因素的研究较少，特别是国内关于六西格玛项目绩效的研究基本处于空白，本书拟采用扎根理论（Ground Theory）这种质化研究方法进行研究。通过对具有行业代表性的六西格玛项目团队主管和成员进行深度访谈，围绕着项目绩效影响因素的研究主题，收集这些团队成员在六西格玛项目实施过程中的经验和体会，探索相应的理论模型。

　　具体而言，通过本书的研究，一方面明确影响六西格玛项目绩效的因素，并且遵循 Flynn 等（1994）的分类，进一步将影响因素分为社会因素与技术因素两类；另一方面通过引入中介变量和情境变量，探究这些影响因素与项目绩效之间的内在作用机制，从而为后续的实证研究提供总体理论框架。

第一节　研究方法

扎根理论由社会学家 Glaser 和 Strauss 于 1967 年提出，是在经验资料的基础上，自下而上建构实质理论的一种质化研究方法。扎根理论是运用系统化的程序，针对某一现象归纳式地引导出相应理论的一种定性研究方法，其核心是资料的收集和分析。资料的分析又被称为编码，包括开放式编码、主轴式编码与选择性编码。扎根理论特别适合于缺乏理论解释或现有理论解释力不足的研究。扎根理论研究所获得的成果（新的理论框架）源自经验资料，又高于经验资料。

扎根理论研究的工作程序主要是三重编码的过程，即开放式编码（Open Coding）、主轴式编码（Axial Coding）和选择性编码（Selective Coding）。

一、开放式编码

开放式编码阶段的主要任务是要对田野调查所获取的原始资料进行概念化处理并提炼范畴。首先，需要对调查资料进行详尽的分解，不断比较和鉴别资料所反映的现象并赋予其初始概念标识；其次，由于初始概念数量极为庞杂，尚不能直接呈现理论框架的概貌，因此需要将相近的初始概念进行聚类与凝练，以进一步实现概念升级，即初始概念的范畴化，范畴的出现使构建理论解释框架的基本要素得以具备。

二、主轴式编码

以开放式编码所发掘的范畴为基础，主轴式编码阶段的任务是对范畴的内涵与性质进一步地丰富和发展，使范畴之间在概念层面上的内在联结逐步清晰。进而根据范畴间的内在联系与逻辑次序，对各范畴进行重新聚类，以凝练出更高一级的范畴，即主范畴。

三、选择性编码

基于主轴编码对于主范畴的发展，范畴间的内在关系会进一步凸显。而选择性编码阶段的任务就是以主轴编码阶段所发掘的主范畴为基础，进一步凝练核心范畴（Core Category），并以"故事线"（Story Line）的形式，对核心范畴与主范畴以及主范畴之间的互动关系与行为过程进行阐释，并补充新的资料进行佐证与理论修正，最终构建新的理论解释框架。

第二节 样本选择与数据采集

一、样本选择

因为本书主要是对预设的理论模型进行初步探究，为接下来的实证研究提供总体理论框架。所以在样本的选取上，采用理论抽样，保证研究的样本既具有典型性，特别是在行业的选择上，又要具有代表性，符合研究设计的要求，能比较客观、准确地反映国内企业六西格玛项目开展的实际情况。

本书样本选择按以下步骤进行：

第一，选取代表性企业或者组织。为了防止质化研究的结果在不同的组织中缺乏适用性，本书选取的样本尽可能全面地反映各种组织类型，具体样本涵盖汽车制造业、家用电器制造业、烟草行业、平板显示制造业四个行业的国有企业和民营企业。

第二，每个企业选择了 4~8 位具有六西格玛项目经验的人员接受访谈。

最终接受访谈的对象共有 26 人，他们都属于六西格玛黑带，扎实掌握六西格玛理论与方法，拥有丰富的项目经验。其中，男性有 21 人，女性有 5 人；年龄在 35 岁以下的占 88.46%；从学历角度看，研究生及以上有 6 人，大学本科 17 人，大专及以下有 3 人；从行业角度看，汽车制造企业有 6 人、家用电器制造业有 6 人、烟草行业有 8 人、平板显示制造业有 6 人；从六西格玛项目经验看，负责完成 8 个以上项目的有 6 人、完成 6~8 个项目的有 8 人、完成 3~5 个项目的有 12 人。具体受访者信息如表 3-1 所示。

表 3-1　受访者信息

指标	变量	人数（人）	百分比（%）
性别	男	21	80.77
	女	5	19.23
年龄	25 周岁及以下	8	30.77
	26~30 周岁	8	30.77
	31~35 周岁	7	26.92
	36 周岁及以上	3	11.54
学历	大专及以下	3	11.54
	本科	17	65.38
	研究生及以上	6	23.08
行业	汽车制造行业	6	23.08
	家用电器制造行业	6	23.08
	烟草行业	8	30.76
	平板显示制造业	6	23.08
项目经验	完成 8 个以上项目的	6	23.08
	完成 6~8 个项目的	8	30.76
	完成 3~5 个项目的	12	46.16

二、数据采集

为了获得访谈对象对本书所关心问题的细致描述，笔者采用深度访谈法收集了资料。为了提高访谈的效率，能够使被访者的回答围绕着研究主题进行，同时又能够调动受访者使其积极参与，本书采用了半结构化的方式。在访谈之前，设计了一个概要性的访谈提纲，在正式开始访谈后，根据被访者的回答情况进行追问并对内容进行灵活的调整。由于需要的是具体情境和受访者对具体行为和事件的描述，而非一般的看法，因此在访谈中尽量引导访谈对象描述工作中出现的现实情况，尽量通过现实的例子来佐证访谈者的观点。在收集资料时，一方面，在征得被访者的同意后，对访谈的内容进行录音；另一方面，对每一个访谈中的关键信息进行记录，将一些细节内容进行补充。

三、访谈提纲

围绕着六西格玛项目绩效影响因素、反映影响因素与项目绩效作用机制的中介因素和调节因素，设计访问提纲，主要访谈内容包括：①受访者的基础信息以及从事六西格玛项目的经历。②请根据您参与的六西格玛项目，您觉得哪一个项目或哪几个项目比较成功？请把项目情况简单介绍一下。③请具体描述在项目过程中，您认为有哪些比较重要的工作或行为？请结合具体例子介绍。④您觉得上述项目取得成功的因素主要有哪些？请结合具体的例子进行介绍。⑤您觉得这些因素是否对所有项目同等重要，还是会存在差异？

访谈提纲以开放式问题为主，访谈过程中根据被访者的回答情况，会进行适时追问。在访谈结束后，通过对录音资料进行充分整理，将录音转录成的文字稿和笔录的内容进行比对，最后形成了共5万余字的分析资料。之后，通过开放式编码、主轴式编码和选择性编码进行数据分析。为保证研究的信度和效度，编码过程中严格遵循扎根理论范畴归纳和模型构建的步骤，对访谈资料进行概念化和范畴化，对存在争议的概念和范畴，在听取专家意见的基础上，进行修订和删减，以避免编码者主观意见对编码结果造成影响，提高编码的客观性。

四、访谈记录节选

下面是部分受访者的访谈记录节选。

访谈记录节选一

我是 2007 年冬天开始接触六西格玛项目的。这么多年，我从 2007 年开始做，2015 年以后基本就不做项目了。成功原因：①领导高度重视，整体推进策划。只有重视了，它才能有效果。所谓的重视，就是在推进的过程中形成一些管理规定，比如获得"全国优秀项目"，一个项目奖金 1 万元，这是有奖励的。如果这个项目完不成了，就不一定奖励你了，也不会扣你的。②有一批受过高等教育的人，与生产实际、质量管理、设计制造、统计管理专业相结合。③有一部分感兴趣的人，从管理角度来说，这是考核机制导致的，引导学这个技术、做项目的热情。2009 年的时候，潍坊市经信委就有意识地培养了一部分掌握这个知识的人，一共分三期，每一期都给大型企业一些名额，让他们学习，从企业的角度说就是领导重视、管理到位。

访谈记录节选二

前几年结题的项目，该项目注重于生产实际工程，就好比降低水分、盐质质量，提高设备转换效率，这些都是切切实实围绕这个问题去做的。找问题比较准的人常年在生产一线，他知道问题在哪儿，无论用统计分析也好，还是别的方法也好，他的丰富经验告诉他，不能盲目地去做工程。结合统计学数据挖掘的指导，这样往往容易成功。最近六七年，我们的项目有所拓展，他们（注：项目组成员）做过设计类的也算是成功吧。建立一个什么数学模型，是针对一个指标建立的一个模型。这几年有所拓展，因为毕竟这么多年了，项目也是比较成功的。它延伸的方面很多，那么肯定也有不成功的项目，因为一段时间工作繁忙，培训没跟上，导致知识不够。再选择项目可能难度太大，有的项目可能投资也要一些设备的更新换代、选的项目有点儿大、选题没有选到点上，再就是一些选题的因素比较难，这都是不成功的原因。这几年明显看得出来，我们每次开六西格玛项目专题会，每次进行成果发布，还有领导开一些会议的时候，要的就是数据，我们在数据应用和数据分析上比较成功。我们在实验中出现的问题一般是集中在实验设计这一块儿，我们毕竟不是研究机构，做实验不是那么严密，有些实验数据分析得不是那么精确。在实验室中还出现为了做实验而做实验，他（注：研究员）不是为了找到真正的原因。这个过程应该专业知识与工程实践相结合。虽然有的经验没有运用，但是实验中运用了回归分析、方差分析、结论用图表的方式从背后得出，个人的兴趣、领导的重视、选题的准确性等方面，再一个就是意志力。

访谈记录节选三

行，就是说一些我自己的这种感受吧。我进厂也接近 20 年了，就是说，如果具体做项目，怎么能成功？我觉得最关键的几点就是，第一点是课题选择，你这个课题选择必须是与企业的目标，这个咱们承担的目标，紧密相连的，是吧？然后第二点说的就是领导的重视。其实跟第一点也不矛盾，如果说课题是密切相连了，迫切需要解决了，肯定领导就重视了，是吧？课题肯定就会得到领导的认可，没有领导的认可，肯定也做不下去。第三点就是个人的能力，也就是这个项目主管的个人能力。个人能力有两块，一块是你要对这个项目的工具以及工具的应用要熟练，再一块就是对生产现场的过程要熟悉。就是熟悉什么呢，你看，我虽然是工艺员，但是我在车间对工艺的流程、设备，可以说非常熟悉。就是说哪方面你要懂、你要会，你不能说是我可能光会某一块儿，这样你分析的时候就会不全面，就是说，这个过程你要熟悉。第四点是团队，因为这个六西格玛项目，不是一个人的事儿，只有团队里的人员分工协作才行。当然这里面又体现出项目负责人的个人能力来了，比如他的沟通、协调。在这个团队里边主要是以项目主管为核心，就是说团队的人员怎么被团结在一块儿也非常关键。第五点是项目的计划，你要有计划，计划与推进要有一个协调。

第三节　数据分析

一、开放式编码

按照开放式编码的步骤，重新整合分析资料，实现访谈内容的概念化和范畴化。编码时，为了避免编码者的主观影响，尽量使用被访者的原话作为标签，从中发掘初始概念。据以，访谈内容提炼后一共得到 532 条原始语句及相应的初始概念。由于初始概念的层次相对较低，且数量繁多且存在交叉，需要对其进一步分解、剖析和提炼，以将相关的概念聚集在一起，实现概念范畴化。经过多次整理分析，剔除出现频次低于 2 次的初始概念，最终从资料中抽象出 14 个范畴，表 3-2 为开放式编码得到的若干范畴及其初始概念。

进一步将其范畴化，仅保留出现频次在 3 次以上的初始概念。为了节省篇幅，对每个范畴只节选了两条或三条原始语句及其初始概念。

表 3-2　开放式编码范畴化

范畴	原始资料语句	初始概念
领导支持	A01 一个项目开始的时候，领导鼓励大家好好完成这个项目 A20 领导会在项目结束的时候对好的项目进行表扬及奖励	心理支持
	A11 领导出面的话，与其他部门协商比较容易 A02 与比我级别高的部门沟通时，领导比较有话语权 A15 同事还有供应商等方面，都会给领导面子	关系支持
	A10 我们领导会满足项目需要的办公软件和其他物质 A09 做项目的时候，需要买些实验设备，一给领导报告，就批准	资源支持

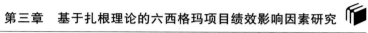

续表

范畴	原始资料语句	初始概念
心理安全感	A09 自己有想法就说出来，大家讨论讨论，说不定会是不错的创意 A23 你自己说出想法，他们说出自己的看法，大家再一起讨论分析	勇于表达
	A16 有人提出新想法，我觉得不好，肯定会说的 A08 有人犯错了，你不说他，他会意识不到，继续错下去，会越来越错 A21 哪个人都有犯错的时候，这个是要允许的	勇于人际冒险
	A20 我们的关系很好，大家互相都很尊重，没有很大的矛盾 A03 对于新想法的话，大家都比较接受，但也要进行一定的讨论 A12 我们很放心其他人收集的数据、分析	尊重信任
跨部门合作	A18 我们有什么质量的要求，研发部门会听取的 A11 能源部门主管经常来车间问我们的要求	合作意愿
	A01 跟项目有关的部门经常一起开会讨论，大家关系不错 A08 我们跟他们部门经常相互走动，互相聊聊对项目的看法	部门关系
	A19 他们的一些历史数据，我们能够找得到 A16 其他部门会主动提供一些我们需要的专业知识 A10 自己不是什么都懂，有其他部门的人协助，这会很有效率	部门协作
资源保障	A11 领导会留出充足的时间让我们去做项目 A03 时间需要充足，做的时候不能太匆忙，效果会不好 A05 做项目的时候，不会有其他的事情烦扰我们	时间保障
	A13 我们这个项目有黑带大师、黑带、绿带，而且项目经验都很丰富 A22 我们公司培训了一批黑带人员	人员资源
	A14 现在有知识管理系统，查找以前的项目资料很方便 A17 设备都是自动化的，自己采集数据，传到数据库，我们用的时候去调就是了 A01 项目需要做实验，这些都能申请物料、设备使用等	物资与信息资源
结构化方法的使用	A07 我们的项目严格遵循 DMAIC 步骤 A15 DMAIC 的每一步都认真完成	DMAIC 流程
	A03 工具方法的使用在项目中很重要 A04 MSA、DOE、SPC 这些方法都应用	工具方法

续表

范畴	原始资料语句	初始概念
项目管理机制	A06 项目应该是具有可行性的，充分考虑技术、成本等 A12 项目一般根据用户反馈等，由问题出发，要解决一些关键、"瓶颈"问题 A26 要保证项目与公司的战略目标一致，这样才会得到支持	项目选择
	A08 需要组织项目团队，指导项目工作计划 A16 我们具有一套有效的项目跟踪程序，对项目完成进度加以评价	项目实施
	A09 项目结束后，我们会对项目成果进行评价和总结 A21 我们每年都会搞项目成果发表会和表彰大会	项目评价
探索式学习	A11 项目过程中，我们会应用头脑风暴、TRIZ 这些方法，对问题进行研究 A17 项目团队成员具有不同专业背景，来源于不同部门，经常有一些新想法	创新方法应用
	A19 六西格玛项目的核心就是确定影响因变量的相关自变量及其关系 A24 自变量的确定，往往需要思路开阔，寻找一些新的视角	因果关系探索
利用式学习	A07 项目过程中，我们会与顾客、供应商、同行讨论项目有关的内容 A12 我们会同具有类似项目经验的黑带进行沟通	咨询学习
	A10 项目团队会学习已有的流程、工艺等，加深对过程的理解 A13 六西格玛方法工具的学习，在项目的过程中分阶段持续不断地开展	流程方法学习
外部化	A06 应用 VOC 等方法把来源于顾客的隐性要求变成可以理解的 A09 应用价值流图、FMEA 等把流程中隐性知识变成可以理解的	顾客流程知识显性化
	A22 我们一般会把项目目标、项目的阶段性分析报告形成正式的文档，进行归档 A23 每次会议都有详细的会议纪要，之后发给项目团队	项目过程知识显性化
内部化	A16 我们项目团队会定期对完成的报告和图表进行研讨 A07 我们会组织不同部门，对项目各阶段的成果进行沟通	项目成果隐性化
	A04 项目过程中，会有定期的培训，这对于提高团队成员能力很重要 A13 团队成员之间，经常会进行工具方法沟通和分享	工具方法隐性化

续表

范畴	原始资料语句	初始概念
组合化	A12 六西格玛项目的流程优化，需要形成制度化的标准，保障改进有效性 A16 我们会将六西格玛项目各阶段成果进行标准化	项目成果标准化
	A10 我们会把六西格玛改进过程有关的数据和方法建立数据库 A23 我们有知识管理系统，历年的六西格玛项目会形成知识库	知识管理
社会化	A24 我们项目团队，经常利用各种场合，进行交流讨论 A04 项目过程中，黑带大师、黑带经常对团队成员进行指导	内部交流
	A12 项目团队经常与顾客进行讨论 A13 与供应商之间的沟通很重要，我们的 SQE 会与供应商保持紧密沟通	外部交流
项目复杂性	A18 项目差异很大，有些项目涉及多个部门和流程，有些就比较简单 A16 项目对于资源的要求不同，跨部门的项目对资源要求高，需要加强协调	项目涉及面
	A04 有些项目需要多个不同领域的专业知识 A08 一般来讲，项目如果影响因变量的因素比较多，这个项目难度就大一点	因素数量
项目不确定性	A11 项目过程中，方法工具的应用预见性好，项目执行就顺利 A19 有些项目，关键指标及其参数不好确定，项目的风险就大	可预见性
	A02 我们很关注项目因变量与自变量之间的关系，是否清晰 A13 最差的情况是影响因素都不显著，这种项目就需要拓宽思路	因果关系清晰度

注：A 后的数字表示受访者接受采访的顺序编号。

二、主轴式编码

按照主轴式编码的步骤，在开放式编码的基础上更好地发展主范畴。通过主轴式编码发现，开放式编码中得到的不同范畴之间存在一定的内在联系。根据不同范畴之间的相互关系，归纳出 5 个主范畴。各主范畴对应的开放式编码范畴如表 3-3 所示。

表 3-3　主轴式编码形成的主范畴

主范畴	对应范畴	范畴内涵
社会因素	领导支持	领导重视项目，进行协调，提供资源，给予全力支持
	心理安全感	团队成员相互信任勇于发表观点，对他人观点进行评价
	跨部门合作	部门关系融洽，有合作意愿，能开展有效协作
技术因素	资源保障	良好的六西格玛架构系统、充分的时间、物资、信息资源
	结构化方法的使用	遵循六西格玛 DMAIC，重视工具方法的应用
	项目管理机制	有完整的项目选择、项目实施、项目评价体系
团队学习	探索式学习	应用新创新方法，新视角探索因变量与自变量的关系
	利用式学习	工具方法的学习，咨询相关人员，知识库的利用
知识创造	外部化	将属于个人隐性知识显性化，成为组织和团队共享知识
	内部化	通过培训、项目研讨，提升团队成员的能力和知识
	组合化	将项目成果等进行标准化，形成知识库
	社会化	黑带对团队成员的指导，与相关人员部门的沟通
项目特征	项目不确定	因变量与自变量关系不清晰，项目预见性较差
	项目复杂性	项目涉及面广，影响因素较多

三、选择性编码

按照选择性编码的步骤，选择出核心范畴，分析核心范畴和其他范畴之间的联系，并以典型关系结构的形式将整个行为现象表现出来，发展出一个新的理论框架。本书的典型关系结构如表 3-4 所示。

表 3-4　主范畴的典型关系结构

典型关系结构	关系结构的内涵	受访者的代表性语句（提炼出的关系结构）
社会因素—项目绩效	领导支持影响项目绩效	A11 领导支持非常重要，项目要有效实施必须得到领导的大力支持 A20 我们做的项目，领导非常关心，给予各种支持，大家很有干劲，项目进展顺利

续表

典型关系结构	关系结构的内涵	受访者的代表性语句（提炼出的关系结构）
社会因素— 项目绩效	心理安全感影响 项目绩效	A08 项目团队在讨论方案时，需要畅所欲言，鼓励新方法、新思路，这样的项目团队更可能取得项目成功 A20 我们大家一起关系比较融洽，对项目方案不同意见，都随时表达，最后找到了最佳的方案
	跨部门合作影响 项目绩效	A11 很多项目都是涉及跨部门的流程优化，部门间的合作是必需的，否则项目很难成功 A15 我们的项目涉及研发、工艺等部门，大家通力合作才能真正发现问题解决问题
技术因素— 项目绩效	资源保障影响 项目绩效	A11 不同的团队差别很大，好的项目团队对项目成功很关键，黑带对流水线和工艺熟悉才知道哪个地方的问题很重要 A15 我们做项目遇到问题的时候，如果有类似的项目可以咨询、借鉴，对项目的实施会有很大帮助
	结构性方法的使用影响项目绩效	A02 项目的执行中，按照 DMAIC 五个阶段进行，能有效保障项目取得最终成功 A15 合理使用六西格玛的工具方法对项目成功非常重要
	项目管理机制影响项目绩效	A16 项目选择很关键，好的项目一定是针对问题的，并且和公司战略密切相关的 A08 有效的项目管理，包括项目的目标、任务、资源、进度安排对项目顺利完成，非常重要
团队学习— 项目绩效	团队学习影响项目绩效	A01 找一个新的方法尝试着做，有些新的方法有时会事半功倍 A11 很多时候，我们通过咨询相关人员，得到帮助，找到关键因素
知识创造— 项目绩效	知识创造影响项目绩效	A04 通过做项目，大家交流分享，得到各阶段的项目成果 A06 培训很重要，通过培训掌握了方法，用方法去分析过程与数据，寻找到因变量与自变量关系
技术因素— 团队学习	技术因素会促进团队学习	A20 有充足的时间，我们会进行讨论、研究、总结 A21 公司的知识管理系统，特别是类似的项目资料，对于我们分析讨论很有帮忙
社会因素— 团队学习	社会因素促进团队学习	A01 团队成员之间相互尊重信任，每个人敢于说出自己的意见，对别人的观点敢持质疑态度，在大家讨论时观点得到丰富 A10 我们得到领导支持，大家气氛很好，开会时能充分讨论，得到新的方案

续表

典型关系结构	关系结构的内涵	受访者的代表性语句（提炼出的关系结构）
技术因素— 知识创造	技术因素促进知识创造	A03 我们项目组能利用单位的知识管理系统，对过去的相关项目进行研讨 A05 通过方法工具培训与应用，能获得很多的知识
社会因素— 知识创造	社会因素促进知识创造	A06 不同部门之间相互协作，共同进行项目研讨，贡献智慧 A08 我们大家关系很好，会毫无保留地分享知识

根据上述典型关系结构，可以进一步构建本书的总体理论框架，为后续的实证研究提供了结构性的思路，总体的理论框架如图 3-1 所示。

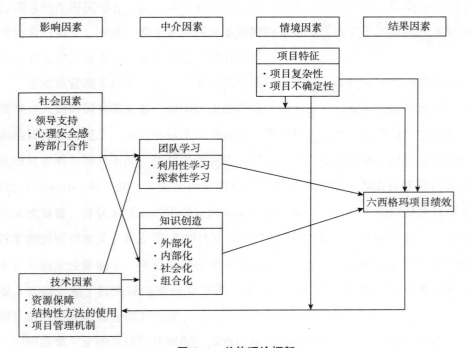

图 3-1　总体理论框架

第四节　理论框架分析与后续实证研究

从图 3-1 的总体理论框架可见，本书辨识和提炼出六西格玛项目绩效影响因素包括领导支持、心理安全感、跨部门合作 3 个社会因素，资源保障、结构性方法的使用、项目管理机制 3 个技术因素，中介因素为团队学习和知识创造，情境因素为项目特征。基于扎根理论建构的总体理论框架清晰地展示了 5 个主范畴之间的关系，以及对六西格玛项目绩效的影响路径。

一、理论框架分析

（一）前因变量分析

六西格玛项目绩效的前因变量包括社会因素与技术因素的 6 个变量。

社会因素中，领导支持体现在资源支持、关系支持及心理支持三个层面，具体是指在实施六西格玛改进时，领导积极落实组织保障与资源分配，通过完善奖励机制与促进部门合作，给团队成员创造良好的工作环境，确保六西格玛项目顺利实施；心理安全感有利于项目成员产生人际关系安全感，形成共担风险的氛围和文化，增强员工的创新与学习动机，这对于项目成功至关重要；跨部门合作使部门之间有良好的合作关系和合作意愿，协同解决问题。六西格玛项目一般涉及跨部门的流程优化，因此跨部门合作也是六西格玛项目中一个非常重要因素。

技术因素中，资源保障包括项目所拥有的倡导者、黑带大师、黑带、绿带、黄带等六西格玛人力资源，还包括设备、信息系统、知识库、软件工具等相关资源。这些项目资源为项目团队基于 DMAIC 方法的团队学习和知识分享创造了良好的条件，对实现项目目标十分关键。结构性方法的使用强调遵循

DMAIC 流程，以及各阶段中相应的工具方法。这是六西格玛界定问题、分析问题、优化流程的重要方法，在项目实施中起着核心作用，也是六西格玛不同于其他管理方法，强调方法论的显著特征。项目管理机制涉及项目选择流程、项目实施与跟踪、项目评价，其中项目选择非常关键，直接关系到项目成效。项目实施中对项目的目标、任务、资源、进度等方面需要进行科学、合理的规划和组织，从而保障项目的顺利进行，最后的项目评价形成一个持续改进的闭环机制，固化改进成果。

（二）中介变量分析

根据总体理论框架，识别与提炼出的中介变量，包括团队学习和知识创造。团队学习在六西格玛项目过程中是通过 DMAIC 流程的一系列有意识的活动实现的。项目成员在解决问题的方法方面接受了广泛的培训，每位成员带来不同领域的知识，成员之间相互学习；通过与团队外部成员讨论，寻找外部专家相关领域的经验和知识，达成对过程的深入理解。团队成员通过团队学习找到问题的关键因素，寻求改进办法，保证项目完成。知识创造与团队学习紧密相关，每个团队成员通过团队学习获得了新的知识，这些知识进一步通过外部化、内部化、社会化、组合化实现隐性、显性知识的相互转换，对于团队或项目层面的知识创造具有重要价值。团队或项目层次的知识越丰富，六西格玛项目就越容易成功。

（三）情境变量分析

Miller（1982）提出在研究问题时，要充分考虑情境因素的影响，追溯研究问题的情境效应，从而逐渐剥离出情境因素对自变量和因变量关系的调节效应。多项研究证明，质量管理实践对于绩效的影响，需要考虑不同情境因素的调节作用。Prajogo 和 Sohal（2001）进一步证实质量管理实践对创新的影响表现为一种权变关系。

通过分析，本书选择项目特征作为情境变量。不同的六西格玛项目在项目的复杂性和不确定性上存在明显的差异，有些项目涉及多个部门，有些项目以单一部门为主；有些项目影响因素较为明确，有些项目影响因素不清晰。因此不同项目特征下，影响因素对项目绩效的影响会存在较大的差异，这就需要引入项目特征作为情境因素进行进一步的探究。

二、后续实证研究

基于以上提出的总体理论框架，开展后续三个方面的实证研究，分别是：

（1）团队学习为中介的六西格玛项目绩效形成机制研究。本书以团队学习为中介变量，探究社会因素与技术因素对项目绩效的影响。通过本书进一步厘清团队学习的两种类型——利用式学习与探索式学习在影响因素与项目绩效之间起的中介作用。

（2）项目特征为情境的六西格玛项目绩效形成机制研究。本书以项目特征作为情境变量，探究项目特征对社会因素与技术因素对项目绩效影响的交互影响。在考虑项目的复杂性与不确定性的情况下，社会因素与技术因素对项目绩效的影响是否存在差异。

（3）知识创造对六西格玛项目绩效的影响研究。本书聚焦于六西格玛中的知识创造对项目绩效的影响。在总体理论框架中，知识创造与团队学习一样，起着中介变量的作用，考虑到六西格玛项目本质上是一个知识创造的过程，因此本书着重讨论知识创造的四种机制，即外部化、内部化、社会化、组合化对项目绩效影响。

本章小结

鉴于目前六西格玛项目绩效影响因素研究薄弱的特点，本章首次运用质化研究方法进行了探索性研究。通过对六西格玛项目团队的深度访谈，应用扎根理论技术，在辨识与提炼影响六西格玛项目绩效相关范畴的基础上，构建了本书的总体理论框架，并对理论框架中的前因变量、中介变量、情境变量进行了分析。最后，根据总体的理论框架提出了后续的三个实证研究。

第四章　团队学习为中介的六西格玛项目绩效形成机制研究

　　六西格玛项目是通过组建项目团队来开展的。作为典型的项目型质量改进团队，六西格玛项目团队包括三个方面的假定：①团队是一个社会系统；②团队成员在一定时期内相互依赖共同完成任务；③六西格玛项目的结果需要达到项目设定的目标。六西格玛项目团队能有效地弥补个人在专业知识、跨职能领域经验、创新性方案、员工承诺等方面的不足。六西格玛项目实施过程中，持续且有效的团队学习是项目取得成功的关键。

　　关于团队学习对项目绩效影响的研究，主要集中在新产品开发、信息技术开发和实施等团队，但是针对六西格玛项目团队的研究数量却很少。与其他项目团队相比，六西格玛项目团队有独有的特征，项目团队的学习机制与其他团队存在较大的差异。

　　鉴于此，依据前一章的总体理论框架，本章基于团队学习的视角，以团队学习为中介变量，探究六西格玛项目的社会因素与技术因素影响项目绩效的过程机制。本章首先对六西格玛项目中的团队学习进行重点分析，在此基础上提出理论模型与相应的研究假设，然后通过问卷调查进行数据采集，最后应用层次回归的方法对数据进行分析，并对分析结果进行讨论。

第一节 六西格玛项目中的团队学习

Arumugam（2013）指出，由于六西格玛项目团队是临时的，旨在改善一个特定的过程，且拥有较短的项目持续时间（一般在 3~6 个月），除了项目的领导者，团队成员用于项目的时间只占其工作时间的一小部分，成员间的社会关系不像其他项目团队那样密切。因此，六西格玛团队的团队学习机制以及社会交往的性质，与其他类型的团队存在较大差异。此外，六西格玛实施过程中被广泛采用的 DMAIC 方法，也使得六西格玛项目中的团队学习具有鲜明的独特性。

Linderman 等（2004）及 Choo（2013）指出，在六西格玛情境下，学习是由六西格玛 DMAIC 过程中一系列有意识的学习活动引起的。DMAIC 过程为团队学习创造的有效机制，能够促使成员之间以更快的速度进行学习，从而保障在较短时间内顺利完成项目。因此，六西格玛项目的实施为团队创造了积极而有利的环境，通过设定具有挑战性的改进目标，项目成员能积极参与到能够创造知识和做出改进的学习活动中去。团队成员在项目过程中，接受了广泛的培训，成员之间相互学习。Gupta 和 Govindarajan（2000）指出，在六西格玛项目中，团队成员能够带来不同领域的知识，同时跨职能的团队合作也使信息和知识的流动能跨越职能的界限，并进一步开发成为团队层面的知识。

六西格玛项目团队的学习行为涉及多种形式，包括团队内部和外部的讨论、寻求外部专家在相关领域的信息和知识（Anand 等，2010）、对于关键过程的观察、从客户和供应商处寻求有关过程的信息和知识等（Naiv 等，2011；Chakravorty，2009）。Arumugam 等（2013）总结前人经验，将 DMAIC 中定义和测量阶段所发生的学习行为定义为利用式学习，指出团队成员能够通过这项学习行为获得分析问题的技能，并对项目改进过程有较为完整的认识；他们将在 DMAIC 中的分析、改进和控制阶段所发生的学习行为定义为探索式学习，并指出团队成员能够通过这项学习行为获得过程输入与输出之间因果关系的理解，提出相应的改进方案。

通过进一步文献梳理，本书归纳总结出了六西格玛项目中利用式学习与探索式学习所涉及的各种活动以及其对应的结果和总体影响，如表 4-1 和表 4-2 所示。

表 4-1　利用式学习的活动及结果

活动	结果	总体影响	参考文献
从客户和供应商处获取信息； 与具有类似项目经验的人交谈； 研究类似的项目； 从外部专家（组织内部和外部）处寻求信息/知识，获得令人信服的叙述和历史	进一步了解过程、输入的变化以及过程中出现的产品/服务的质量要求； 获取项目经验，学习项目中效果较好的方面； 获得更多有关于解决问题的方法和使用工具及技术的知识； 从成功故事中获得更多的过程知识，从错误中学习	解决问题的能力得到提高； 获得更多关于被调查过程的知识	Zu 等（2014）； Chakravorty（2009）； Anand 等（2010）； Arumugam（2011）； Linderman 等（2010）； Breyfoglie（1999）； Voelpel 等（2005）； Nair 等（2011）； Gutiérrez 等（2011）

表 4-2　探索式学习的活动及结果

活动	结果	总体影响	参考文献
实施关键的观察； 使用统计工具来分析数据并使用科学原理来了解过程行为和变量之间的关系； 通过讨论和头脑风暴来获得更多的理解； 反思工作	获得更多对于过程的洞察力和理解力； 推导所有变量的因果关系； 将个人知识合成为团队层面的知识； 确定改进的变量组合，以增强产出和实施改变	创建团队层次的有关于过程的知识； 增强过程能力和提高产品/服务的质量； 提高团队能力； 提高组织学习能力	Pande 等（2000）； Arumugam 等（2012）； Anand 等（2010）； Harry 和 Schroeder（2013）； Evans 和 Lindsay（2005）； Brun（2011）；Hoerl（2001）； Chakravorty（2009）； Nair 等（2011）

第二节 理论模型与研究假设

一、理论模型

根据第三章质化研究提出总体理论框架，本章构建了一个具体的理论模型。考虑到模型的简练性，在六西格玛项目的技术因素与社会因素中，分别选择一个代表性因素作为前因变量进行模型的构建。技术因素中选择资源保障，该因素在质化研究中出现的频率较高，被认为是影响六西格玛项目团队学习效果和项目绩效的关键因素。社会因素选择了心理安全感，该因素在前面的质化研究中被提及的次数较多，而且在团队学习的文献中，心理安全感被学者们认为是影响团队学习效果和团队绩效的重要因素。模型中作为中介变量的团队学习采用利用式学习和探索式学习的分类。研究的理论模型如图4-1所示。

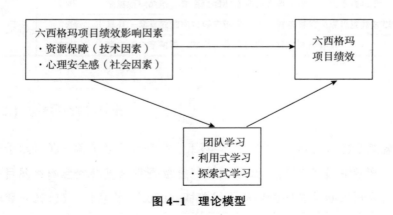

图4-1 理论模型

二、研究假设

（一）团队学习与项目绩效的关系

Masuda 和 Konstantinos（2013）研究了团队学习与项目绩效之间的关系指出，利用式学习和探索式学习均可以促进项目绩效的提升。为了保证高质量的工作成果，团队成员会采取从错误中学习、减少变异等典型的利用式学习方式解决问题。同时，团队成员为了深化对问题的理解，会主动去激发新的想法、掌握新的知识和技能、探索新的任务途径、寻找新的处理模式，这些正是探索式学习涉及的活动。Levinthal 和 March（1993）研究表明，团队需要实现探索式学习和利用式学习之间的平衡，同时应用这两方面的学习可以产生内部创新。根据 Arumugam 等（2013）提出的 DMAIC 过程中团队学习的区分，定义和测量阶段的利用式学习会通过随后的分析、改进和控制阶段的探索式学习来影响项目结果，即团队的利用式学习会通过探索式学习间接影响项目绩效，这意味着探索式学习在利用式学习与项目绩效之间起到中介变量的作用。另外，如果没有利用式学习的有效性作为前提保障，那么探索式学习无法发挥其作用，两种学习机制的互补性质是显而易见的。倘若只重视一个学习过程而忽略另外一个学习过程，则很难对项目绩效产生积极影响。基于上述论点，利用式学习对于探索式学习的影响、利用式学习对于项目绩效的影响以及探索式学习对于项目绩效的影响都应是正向的。因此，提出如下假设：

H1：探索式学习在利用式学习与项目绩效之间起到中介变量的作用。

（二）资源保障与团队学习和项目绩效的关系

六西格玛资源包括项目团队中黑带大师等人员编制、项目过程中开展的培训、通过信息系统和知识库为团队提供的项目信息、统计分析软件、相关设备资源等。项目资源为基于 DMAIC 过程的团队学习创造了良好的条件，对顺利完成项目、实现项目改进目标至关重要。具体来说，团队的黑带系统包含了各种级别的专家，包括黑带大师、黑带、绿带和黄带等。六西格玛的角色结构有助于跨部门分级协调机制的实施，确保更好地沟通与协调（Basu，2004）。Zu等（2008）发现六西格玛角色结构能够对 DMAIC 过程起到支持作用，有助于项目成功。

Linderman 等（2010）指出项目数据库能够为团队提供许多资料与数据，方便团队开展利用式学习和探索式学习，通过学习获得的知识能有效保障项目的成功实施。有关研发环境的研究也表明，设施、设备和信息库等资源能够增强团队的创造力，保证项目成功（Amabile 和 Gry Skiewicz，1989）。

上述讨论表明，六西格玛资源保障通过促进团队学习行为间接影响项目绩效，资源保障对六西格玛项目的成功至关重要。基于假设 H1，提出如下假设：

H2：利用式和探索式学习在资源保障对项目绩效的影响中起中介作用。

（三）心理安全感与团队学习和项目绩效的关系

所谓心理安全感，是指团队成员之间相互容忍、信任、尊重，愿意承受风险的组织氛围。在这样的氛围中，团队成员对于人际关系风险感到安全。Edmondson（1999）的研究表明，心理安全感并非直接影响着团队绩效，而是通过促进团队学习改善团队绩效，即学习行为能够在心理安全感方面对团队绩效的影响中起到中介作用。心理安全感有利于六西格玛项目团队成员产生人际关系安全感，可形成安全、信任、自由与共担风险的氛围和文化，激发团队成员积极的心理和情绪反应，增强成员的创新与学习动机，强化了团队中的探索式学习。并且在高团队安全感状态下，团队成员之间因相互信任与尊重，更乐于参与制订团队计划、分享团队信息、解决团队问题，这也在一定程度上有益于新知识、新想法的涌现，有利于知识的共享与转移。

Choo 等（2007）发现，在六西格玛情境中，心理安全感会影响项目的知识创造过程，进而影响项目绩效。Tucker（2016）对医院改进项目进行研究，调查了心理安全感对于探索式学习活动的影响，他们发现，心理安全感能够使探索式学习变得更加有效，从而引起工作实践的变革。基于上述论点，假设心理安全感对探索式学习以及项目绩效存在正向的影响。

H3：探索式学习在心理安全感和项目绩效之间起到中介作用。

研究的假设模型见图4-2。

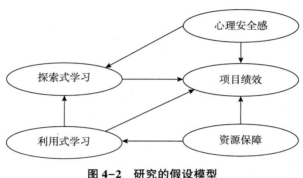

图4-2 研究的假设模型

第三节 问卷设计与数据采集

一、变量测量

本书所涉及的变量包括六西格玛资源保障与心理安全感（解释变量）、团队利用式学习与团队探索式学习（中介变量）以及项目绩效（被解释变量）。此外，本书拟选取企业性质、企业所处行业（组织层面因素）以及团队规模、项目持续时间（项目层面因素）作为研究的控制变量。

（一）资源保障的测量

六西格玛资源保障被认为是影响团队学习效果和团队绩效水平的关键要素之一。不同学者对资源保障测量的侧重点不一，本书在参考 Linderman 等

（2010）和 Arumugam 等（2013）量表的基础上，基于前文对六西格玛资源保障内涵的界定，从知识管理系统或数据库支持、项目领导者的资源支持、黑带人员编制等层面综合测度六西格玛资源保障。具体测量题项见表 4-3。

表 4-3　资源保障的测量题项

指标	指标描述	测度依据
SA1	团队拥有记录项目细节或历史信息的系统和数据库	
SA2	六西格玛项目的需求可以完全获得公司管理层的资源支持	Zhang 等（2008）；
SA3	公司有充足的黑带大师和黑带人员编制	Linderman 等（2010）；
SA4	公司的知识管理系统可以为项目团队提供参考数据和咨询服务	Arumugam 等（2013）
SA5	公司管理层能够帮助项目团队消除项目执行中的障碍	

（二）心理安全感的测量

心理安全感反映了以成员在彼此相处时能够感觉安全和舒适为特点的团队氛围，是影响团队学习效果和项目绩效水平的关键要素之一。Kahn（1990）、Edmondson（1999）在其研究中对心理安全感进行了测量。本书重点参考 Edmondson 的团队心理安全感量表，在充分考虑六西格玛项目情境下，编制了心理安全测量量表。量表题项涉及信息和知识共享、公开讨论、团队互动等，具体题项见表 4-4。

表 4-4　心理安全感的测量题项

指标	指标描述	测度依据
PS1	团队成员能够公开地提出问题及自己的看法	
PS2	团队成员能够接受彼此的差异	Kahn（1990）；
PS3	在这个团队中承担挑战性的任务是受鼓励的	Edmondson（1999）；
PS4	团队成员不会担心表达真实想法	Siemsen 等（2009）
PS5	在这个团队中，没有人会故意诋毁、破坏其他成员的努力	

（三） 团队利用式学习和探索式学习的测量

已有的团队学习量表主要是基于新产品研发、医院改进等团队等开发的。与 Tucker（2016）和 Mukherjee 等（1998）的研究类似，本书中的研究基于六西格玛团队在项目执行过程中的学习行为和创造知识活动，广泛地参考了质量管理和团队学习文献以及现有研究中的相关量表，基于六西格玛项目团队学习的特点，开发了利用式学习和探索式学习的量表题项，详见表4-5。

表4-5 团队利用式学习、探索式学习的测量题项

指标	指标描述	测度依据
KW1	项目团队会从团队以外的行业伙伴那里收集信息	
KW2	项目团队会和顾客及供应商讨论项目的过程	
KW3	项目团队会和具有相同六西格玛项目经验的人沟通	
KW4	项目团队会对过程的理解进行不断的反思与总结	Tucker 等（2016）；Mukherjee 等（1998）
KW5	项目团队会运用已有的知识与技术进行过程与业务改进	
KH1	项目团队可以有效地对新知识进行搜集，对新知识敏感性高	
KH2	项目团队对未知领域的知识和技术进行有效开发、创造	
KH3	项目团队运用创新方法，进行观察、分析来获取新信息和新想法	
KH4	项目团队能够找出影响因变量的相关自变量及其关系	

（四） 项目绩效

通常六西格玛项目具有不同的目标，项目绩效需要用不同的标准来定义。因此，为了衡量和比较所有项目类型的项目绩效，参考早期质量管理文献研究中所使用的方法（Choo 等，2007；Anand 等，2010），依据项目目标实现的程度来进行衡量项目绩效。测量项目绩效的量表改编自 Linderman 等（2004）的研究。量表测量了六西格玛项目的改进结果，衡量了项目所实现的客户满意、成本效益和对组织战略影响的程度。具体的量表题项见表4-6。

表4-6 项目绩效的测量题项

指标	指标描述	测度依据
PP1	项目达到或超过了顾客（内部顾客和外部顾客）的期望	
PP2	有效达成了项目绩效目标，产品或服务的质量得到了显著提高	Anand 等（2010）；
PP3	项目使得公司收益增加	Choo 等（2007）；
PP4	项目在预算范围内完成项目任务	Linderman 等（2006）
PP5	项目团队的工作是高效的	
PP6	项目在预算时间内完成任务	

（五）控制变量

国内外相关文献研究表明，项目绩效是多因素互动的结果（Earley 和 Laubach，2002）。除了本书中的主导自变量外，组织层面的因素如企业性质、企业所处行业，以及项目层面的因素如团队规模、项目持续时间等也可能影响团队的项目绩效，因而本书也需要对这些变量进行控制。

二、问卷设计与回收

（一）问卷设计过程

本书采用问卷调查的方式来获取研究所需要的数据。被调查者采用李克特7级打分法来对问卷中的题项进行评分。问卷设计的具体过程如下：

（1）系统阅读国内外文献，寻找与各变量匹配的量表。为了摒除不同研究对变量测量时产生的差异，本书优先选择已经被国内外学者证实有效或相对成熟的测量题项作为参考，形成了问卷初稿。

（2）问卷测量题项的修正、补充。为了进一步增强量表和问卷的专家效度（吴明隆，2010），笔者与多位质量管理领域专家进行了广泛的交流，根据问卷量表设计原则和注意事项（Matell 和 Jacoby，1972）对题项设计、问卷格式、语言表达等进行调整，力求提高问卷的相关性和简洁性。

（3）通过企业深入访谈，进一步完善问卷。笔者利用项目机会就修正、补充后的问卷初稿先后对 6 位具有六西格玛管理丰富经验的质量总监进行深入访谈，并针对他们的意见对调查问卷进行了细致的修改与完善，在此基础上形成了的最终稿问卷（参见附录）。

（二）　问卷发放和回收情况

在调查对象的选取上，选取具有六西格玛管理推广与实施良好经验的企业作为受访对象，同时根据与企业沟通的便利性与难易程度，选择了 5 家企业，所选取的被调查企业具体包括 FT（家电行业，民营企业）、JDF（电子行业，国有企业）、WZ（汽车行业，民营企业）、QY（烟草行业，国有企业）以及 BG（钢铁行业，国有企业）①。5 家受访企业的基本情况如表 4-7 所示。

表 4-7　5 家受访企业简介

名称	基本情况	六西格玛管理实施情况	曾获荣誉
FT	始建于 1996 年，在全国已有员工 9000 余人，是家电、厨具行业的领军企业，始终坚持"专业、高端、负责"的战略性定位，品牌知名度、忠诚度、预购率等多项指标均稳居行业第一，在高端市场的占有率接近 40%	1996 年，率先在同行业中通过 ISO9001—1994 质量管理体系认证；2000 年，导入 TQM 全面质量管理系统；2006 年，建立公司战略与业务战略管理系统，导入 CRM 系统，建立六西格玛小组	2011 年，全国质量协会"第十一届全国质量奖""CCTV 中国年度品牌"；2012 年，"浙江省政府质量奖"
JDF	创立于 1993 年 4 月，是一家物联网技术、产品与服务提供商，核心业务包括显示器件、智慧系统及健康服务	2011 年，引入六西格玛精益管理方法；2013 年，推进了 10 个精益六西格玛黑带项目，共完成技术改进 68 项，管理改进 59 项	2014 年，"最具未来竞争力品牌"；2017 年，"中国大陆创新企业百强"

---

①　英文缩写为受访企业的简称。

续表

名称	基本情况	六西格玛管理实施情况	曾获荣誉
WZ	成立于 1961 年，2000 年改制为全员持股的民营企业，拥有员工 14000 余人，是中国机械工业重点骨干企业之一。2005 年进入汽车产业，产品畅销全国，并已出口 20 多个国家和地区	2013 年，召开六西格玛项目启动会，全面推行六西格玛管理，并计划用 5 年时间逐步导入、渗透、展开、拓展六西格玛活动。2014 年，通过质量管理体系和环境管理体系认证	2005 年，"全国机械工业现代化管理企业"；2012 年，"山东省政府质量管理奖"
QY	始建于 1948 年，在岗职工千余人，是山东中烟工业有限责任公司重点加工企业之一。引进全新制丝生产线，建设高效物流系统，强化质量在线管控	2008 年导入六西格玛管理方法，形成了以 ERP 系统为决策层，MES 系统为中间层，生产数据采集和制丝、卷包、能耗中控室为底层的智能化管理模式	"全国质量效益型先进企业""全国质量管理小组活动优秀企业"
BG	于 1954 年开始建设，1959 年投产，始终致力于多元发展，除钢铁、稀土两大主业外，还拥有矿业、非钢两大产业	是中国本土最早一批引入六西格玛管理的企业之一。通过 "BG 质量奖" 评审，不断推进六西格玛管理，强化质量管理体系的管理与运行，稳定产品质量	2012 年，"中国上市公司最具投资价值 100 强"

在样本量选取上，根据 Bagozzi 和 Yi（1988）的建议，本书将预期的样本量设定为 150~250。拟从 5 家目标企业中各选取 15 个左右的六西格玛项目团队，并对其团队领导及 2~4 名成员进行调查。

本次调查集中在 2016 年 7 月至 2017 年 12 月，采取企业现场集中调查的方式，历时 18 个月，回收问卷共计 282 份。收集的问卷主要来自 5 家企业的 72 个团队，其中团队领导 72 份，团队成员 210 份。对回收的 282 份问卷进行初步筛选，剔除无效问卷，剩余有效问卷 248 份，有效回收率为 87.94%。有效问卷来自 5 家企业的 70 个团队，其中团队领导 70 份，团队成员 178 份。

回收的 248 份有效问卷，从所属行业来看，样本涵盖家电、汽车、电子、烟草、钢铁等行业；从企业性质来看，国有企业占主体；从团队规模来看，人数在 6 人的项目团队占大多数；从项目持续时间来看，持续时间主要集中在 6~12 个月。被调查企业项目团队的样本基本特征分布情况详见表 4-8。

表 4-8　样本企业团队基本特征统计

统计变量	具体的统计层次	数量（个）	百分数（%）	累计百分数（%）
企业性质	国有企业	3	60	68.57
	民营企业	2	20	100.00
企业所属行业	家电行业	1	20.00	20.00
	烟草行业	1	24.29	44.29
	电子行业	1	18.57	62.86
	汽车行业	1	18.57	81.43
	钢铁行业	1	18.57	100.00
团队规模	3 人	2	2.86	2.86
	4 人	3	4.29	7.14
	5 人	10	14.29	21.43
	6 人	22	31.43	52.86
	7 人	12	17.14	70.00
	8 人	8	11.43	81.43
	9 人	6	8.57	90.00
	10 人	4	5.71	95.71
	11 人及以上	3	4.29	100
持续时间	6 个月以下	15	21.43	21.43
	6~12 个月	43	61.43	82.86
	12 个月以上	12	17.14	100

三、信度与效度检验

（一）信度检验

对上述回收的样本数据，利用 SPSS 19.0 统计分析软件。对六西格玛资源保障、心理安全感、利用式学习、探索式学习和项目绩效的量表进行 α 信度系数检验，结果如表 4-9 所示。

表 4-9　各变量的 α 信度系数检验结果

测量内容	测量项目（N）	均值	标准差	α 系数
资源保障	5	5.682	1.041	0.877
心理安全感	5	5.478	0.958	0.824
利用式学习	5	4.953	1.121	0.795
探索式学习	4	5.390	0.898	0.812
项目绩效	6	5.434	1.134	0.903

信度检验结果表明，五个变量量表的 α 信度系数最大为 0.903，最小为 0.795，均达到可接受的信度水平（均在 0.70 以上），即六西格玛资源保障、心理安全感、利用式学习、探索式学习和项目绩效的量表都具有较好的信度，其问卷内容分析的可靠性和稳定性较强。

（二）效度检验

利用 SPSS 19.0 软件进行探索性因子分析，探索变量的内部结构，然后使用 AMOS 22.0 软件进行验证性因子分析，对量表的结构效度进行检验。对于同一批次回收的数据，合理的做法是先用部分数据做探索性因子分析，然后用剩下的数据对提取的因子做验证性因子分析。对于进行探索性因子分析所需的最低样本容量，一般认为，样本量为变量数的 5~10 倍，或者样本量达到变量中题项数的 5~10 倍即可（吴明隆，2010）。由于本次探索性因子分析中所需处理的变量数为 5，变量的最多题项数为 6，因而 60 份左右的样本能够较好地满足数据分析的要求。因此，本次研究拟从 248 份有效问卷中随机抽取 60 份数据进行探索性因子分析，剩下的 188 份进行验证性因子分析。

1. 探索性因子分析

在对量表进行探索性因子分析之前，变量之间要求存在较强的相关性，如果没有较强的相关关系，则无法从中综合出能反映某些变量共同特征的少数公共因子。通常用两个指标对是否适合做因子分析进行评估，一个指标是 KMO 测度，通常 KMO 值大于 0.9 时，效果最佳，0.8 以上表示适合，0.7 以上表示一般，0.6 以上表示不太适合，0.5 表示很差，0.5 以下表示不能接受。另一个指标是巴特利特球形检验。

样本适合性的结果如表 4-10 所示。其中，KMO 值为 0.817，大于 0.7，同时巴特利特球形检验的显著性很小，P<0.001。因此，调查得到的数据是完全适合进行因子分析的，接下来将进行因子分析的提取。

表 4-10　样本适合性的检验结果

指标		数值
Kaiser-Meyer-Olkin 取样适切性量数		0.817
巴特利特球形检验	近似卡方分布	731.191
	自由度	52
	显著性	0.000

在此基础上，采用主成分分析法进行因子提取，并利用方差最大化旋转法对其进行因子旋转。对于得到的结果，研究按照因子提取的标准和要求即特征根大于 1、最大因子载荷大于 0.5（Arumugam 等，2013），得到上述 5 个变量相应的因子。表 4-11 展示了详细的因子提取情况。

表 4-11　各变量的探索性因子分析（N=60）

变量名称	题项	因子载荷				
		因子 1	因子 2	因子 3	因子 4	因子 5
资源保障	SA1	0.751	0.303	-0.139	0.163	0.121
	SA2	0.738	0.090	0.081	0.231	0.074
	SA3	0.795	0.213	0.037	0.008	0.254
	SA4	0.651	0.156	0.301	-0.027	0.291
	SA5	0.687	0.183	0.347	0.135	0.147
心理安全感	PS1	0.130	0.806	0.084	0.235	0.186
	PS2	0.068	0.751	0.109	0.208	0.208
	PS3	0.169	0.726	0.181	0.187	0.131

续表

变量名称	题项	因子载荷				
		因子 1	因子 2	因子 3	因子 4	因子 5
心理安全感	PS4	0.061	0.823	0.326	0.159	0.135
	PS5	0.133	0.773	0.022	0.161	0.108
	PS6	0.211	0.694	-0.203	0.335	0.013
利用式学习	KW1	0.208	0.192	0.816	0.241	0.013
	KW2	0.125	0.236	0.735	0.307	0.245
	KW3	0.056	0.318	0.598	0.216	0.341
	KW4	0.018	0.066	0.698	0.198	0.154
	KW5	0.169	0.165	0.767	0.126	0.196
探索式学习	KH1	-0.023	0.063	0.263	0.768	0.239
	KH2	0.257	0.034	0.195	0.681	0.166
	KH3	0.173	0.245	0.276	0.723	0.384
	KH4	0.213	0.192	0.203	0.792	0.263
项目绩效	PP1	0.160	0.037	0.145	0.256	0.736
	PP2	0.061	-0.152	0.071	-0.039	0.583
	PP3	0.234	0.047	0.246	0.026	0.841
	PP4	0.061	0.233	0.188	0.058	0.695
	PP5	0.133	0.092	0.226	0.307	0.816
	PP6	0.211	0.054	0.071	0.194	0.782
累计解释方差比例		49.236%	56.135%	61.903%	66.550%	70.121%

由因子提取结果可知，六西格玛资源保障、心理安全感、利用式学习、探索式学习以及项目绩效这五个因素的累计解释方差比例分别为 49.236%、56.135%、61.903%、66.550% 和 70.121%，表明这 5 个变量的数据结构均具有良好的一维性，且其因子的命名也是合理的。另外，上述 5 个变量的内部测量题项的载荷值均大于 0.5，表明其具有较好的建构效度，可以分别对各变量的测量题项进行平均处理，并将各平均值作为变量的样本值代入后续的回归模型进行实证分析。

2. 验证性因子分析

利用 AMOS 软件进行进一步的验证性因子分析。对六西格玛资源保障、心理安全感、利用式学习、探索式学习以及项目绩效进行模型拟合分析，各变量的模型拟合指数结果如表 4-12 所示。

表 4-12　变量的验证性因子分析相关拟合指数 （N=188）

变量名称	绝对拟合指标				相对拟合指标		
	X^2/df	GFI	AGFI	RMSEA	NFI	IFI	CFI
资源保障	1.579	0.917	0.920	0.063	0.913	0.928	0.921
心理安全感	1.356	0.921	0.924	0.057	0.927	0.918	0.935
利用式学习	1.337	0.097	0.916	0.046	0.914	0.923	0.917
探索式学习	1.235	0.920	0.923	0.054	0.924	0.941	0.938
项目绩效	1.410	0.926	0.919	0.049	0.931	0.927	0.919
评价标准	<2	>0.9	>0.9	<0.08	>0.9	>0.9	>0.9

由表 4-12 可知，5 个变量的拟合指标均符合其相应的评价标准 （$X^2/df<2$，GFI、AGFI、NFI、IFI、GFI 均大于 0.9，RMSEA 小于 0.08），因此，各变量的理论模型与数据之间有较好的匹配性。六西格玛资源保障、心理安全感、利用式学习、探索式学习以及项目绩效的测量指标均表现出了较好的收敛效度，其理论构思模型是可以接受的。

四、聚合分析

本次研究所回收的问卷是由六西格玛项目成员回答的，属于个体层面上的数据，而研究主体为所调查的六西格玛项目团队，因此需要将个体层面的数据聚合到项目团队的层面，所采用的研究方法是对同一项目团队成员的评估数据取平均值。所以必须对个体层面数据聚合到项目层面的有效性进行检验，通过计算组内一致性系数 R_{wg} 来判定。一般认为，R_{wg} 的计算值在 0.7 以上即达到可接受的水平 （James 等，1984）。Rwg 指标表示评价者评分方差的均值与期望方差之比，其具体的计算公式如下：

当变量中只有一个测量题项时，采用式（4-1）：

$$r_{WG(1)} = 1 - \left(\overline{\frac{S_{xj}^{\ 2}}{\sigma_{EU}^{\ 2}}} \right) \tag{4-1}$$

当变量中包含多个测量题项时，采用式（4-2）：

$$r_{WG(J)} = \frac{J\left(1 - \left(\overline{\frac{S_{xj}^{\ 2}}{\sigma_{EU}^{\ 2}}} \right) \right)}{J\left(1 - \left(\overline{\frac{S_{xj}^{\ 2}}{\sigma_{EU}^{\ 2}}} \right) \right) + \left(\overline{\frac{S_{xj}^{\ 2}}{\sigma_{EU}^{\ 2}}} \right)} \tag{4-2}$$

$$\sigma_{EU}^{\ 2} = \frac{A^2 - 1}{12} \tag{4-3}$$

上述公式中，$\overline{S_{xj}^{\ 2}}$ 代表团队层面方差的均值，$\sigma_{EU}^{\ 2}$ 代表期望方差，J 表示测量题项的数量，A 表示测量采用的量表等级。

由于研究中所有变量的题项数均为 4 个以上，因此主要采用式（4-2）对所收集的 70 个团队的个体数据进行团队层面数据的加总验证。通过计算发现，70 个团队在各个变量上的 $R_{WG(J)}$ 值均超过了 0.7 的临界标准，即这些六西格玛过程改进项目团队的个体测量值均可以通过加总转换为团队层面的测量值。计算得出的各个变量 $R_{WG(J)}$ 的平均值如表 4-13 所示。

表 4-13 变量的 $R_{WG(J)}$ 的平均值

待测量变量	J	$\overline{S_{xj}^{\ 2}}$	$\sigma_{EU}^{\ 2}$	R_{WG}
资源保障	5	1.032	4	0.935
心理安全感	5	1.642	4	0.896
利用式学习	5	1.246	4	0.917
探索式学习	4	1.193	4	0.904
项目绩效	6	1.733	4	0.887

第四节　数据分析与研究结果

一、相关分析

使用 SPSS 19.0 软件对文中各变量的均值、标准差和相关系数进行计算，所涉及的变量包括企业性质、企业所处行业、团队规模、项目持续时间、资源保障、心理安全感、利用式学习、探索式学习以及项目绩效。变量的描述性统计与相关关系分析如表 4-14、表 4-15 所示。

表 4-14　变量的描述性统计

变量	均值	标准差
1. 企业性质	1.31	0.281
2. 企业所处行业	2.91	1.013
3. 团队规模	6.78	1.641
4. 项目持续时间	9.92	1.942
5. 资源保障	5.682	1.041
6. 心理安全感	5.478	0.958
7. 利用式学习	4.953	1.121
8. 探索式学习	5.390	0.898
9. 项目绩效	5.434	1.134

表 4-15　变量的相关性分析

变量	1	2	3	4	5	6	7	8	9
1. 企业性质	1	—	—	—	—	—	—	—	—
2. 企业所处行业	0.151	1	—	—	—	—	—	—	—

续表

变量	1	2	3	4	5	6	7	8	9
3. 团队规模	0.204	0.062	1	—	—	—	—	—	—
4. 项目持续时间	0.232	0.187	0.241	1	—	—	—	—	—
5. 资源保障	0.193	0.144	-0.010	0.220	1	—	—	—	—
6. 心理安全感	0.257	0.198	-0.116	0.157	0.659**	1	—	—	—
7. 利用式学习	0.186	0.094	0.258	0.329*	0.412**	0.320*	1	—	—
8. 探索式学习	0.083	0.062	0.045	0.167	0.613**	0.638**	0.569**	1	—
9. 项目绩效	0.067	0.085	0.084	0.158	0.409**	0.443**	0.384*	0.739**	1

注：* 表示在 0.05 水平（双侧）上显著相关；** 表示在 0.01 水平（双侧）上显著相关。

二、层次回归分析

本次研究采用 Baron 和 Kenny（1986）的方法，利用层次回归检验法来验证上述研究假设中提出的中介效应。如果仅从变量的数据关系来看，可以将 Baron 和 Kenny 的方法概括为"三步曲"：①自变量影响因变量；②自变量影响中介变量；③控制中介变量后，自变量对因变量的作用消失了（中介变量起到完全中介作用），或是明显地减小了（中介变量起到部分中介作用）。运用 SPSS 19.0 分析软件，采用层次回归的方法，分别对假设 1、假设 2、假设 3 进行验证。

（一）团队学习与团队项目绩效的关系验证

由表 4-16 的模型 2 可知，团队利用式学习与团队项目绩效正相关（β=0.344，P<0.05）；由模型 3 可知，利用式学习能够预测探索式学习（β=0.503，P<0.001）；由模型 4、模型 5 可知，探索式学习显著影响项目绩效（β=0.723，P<0.001），并且在同时引入利用式学习和探索式学习后，利用式学习对项目绩效的贡献变得不再显著（β=0.018，P>0.05），而探索式学习对项目绩效的影响则继续保持显著（β=0.731，P<0.001）。这些结果满足了探

索式学习在利用式学习对项目绩效的影响中起到完全中介作用的条件。因此，假设 1 能够得到验证和支持。

另外，根据回归计算结果可知，模型 4 和模型 5 的 R^2 值相同（均为 0.537），而模型 4 调整后的 R^2 值（0.493）则大于模型 5 调整后的 R^2 值（0.481），这表明探索式学习自身对于项目绩效的预测能力比和利用式学习同时出现时更强。结合整个研究，这个结果应该根据变量的定义来解释，即利用式学习是探索式学习的必要前提。

表 4-16 团队学习与项目绩效的回归分析结果

变量		模型 1 项目绩效	模型 2 项目绩效	模型 3 探索式学习	模型 4 项目绩效	模型 5 项目绩效
控制变量	企业性质	0.063	0.049	0.073	0.041	0.019
	企业所处行业	0.082	0.050	0.191	0.032	0.007
	团队规模	0.017	−0.042	−0.128	0.047	0.051
	项目持续时间	0.057	0.051	0.036	0.020	0.023
自变量	利用式学习	—	0.344*	0.503***	—	0.018
	探索式学习	—	—	—	0.723***	0.731***
R^2		0.077	0.177	0.320	0.537	0.537
Adj R^2		0.021	0.107	0.261	0.493	0.481
ΔR^2		1.345	2.530*	5.553***	13.470***	10.540***

注：*表示在 0.05 水平上显著相关，**表示在 0.01 水平上显著相关，***表示在 0.001 水平上显著相关。

（二）六西格玛资源保障与团队学习和项目绩效的关系验证

由表 4-17 的模型 6 可知，六西格玛资源保障与项目绩效正向相关（$\beta = 0.374$，$P < 0.01$）；由模型 7 可以看出，六西格玛资源保障能够预测利用式学习（中介变量）（$\beta = 0.349$，$P < 0.01$）；由表 4-16 的模型 2 可知，利用式学习正向影响项目绩效（$\beta = 0.344$，$P < 0.05$）；由模型 8 可以看出，在同时引入六西格玛资源保障和利用式学习后，六西格玛资源保障对绩效影响的显著性减

小（β = 0.293，P < 0.05），而利用式学习对绩效的影响则不再显著（β = 0.230，P = 0.157，不显著）。依循 Baron 和 Kenny（1986）方法的第三步，这些结果并不满足利用式学习在六西格玛资源保障与项目绩效之间起到中介作用的条件。但是，仅引入六西格玛资源保障与同时引入六西格玛资源保障和利用式学习相比，后者产生了 R^2 值 0.038 的正增加（从模型 6 的 0.211 增加到了模型 8 的 0.249）。这增加的 3.8% 的 R^2 正是通过引入利用式学习所造成的。

表 4-17　六西格玛资源保障与团队学习和团队项目绩效的回归分析结果

变量		模型 1 项目绩效	模型 6 项目绩效	模型 7 利用式学习	模型 8 项目绩效
控制变量	企业性质	0.063	0.039	0.034	0.047
	企业所处行业	0.082	0.041	0.182	0.031
	团队规模	0.017	0.047	0.193	−0.002
	项目持续时间	0.157	0.063	0.212	0.012
自变量	六西格玛资源保障	—	0.374 **	0.349 **	0.293 *
	利用式学习	—	—	—	0.230
R^2		0.077	0.211	0.287	0.249
Adj R^2		0.021	0.128	0.225	0.167
F		1.345	3.531 *	4.649 **	4.021 ***

注：* 表示在 0.05 水平上显著相关，** 表示在 0.01 水平上显著相关，*** 表示在 0.001 水平上显著相关。

因此，鉴于上述"利用式学习通过探索式学习来影响项目绩效"的这一结果，又进行了额外的回归分析来检验利用式学习和探索式学习在六西格玛资源保障对项目绩效的影响中所起到的联合中介作用。在这一回归分析中，在没有控制变量的情况下（以获得更多的自由度）使用了所有的预测变量，包括六西格玛资源保障、利用式学习和探索式学习，结果如表 4-18 所示。由表 4-18 可知，在模型 12 中，随着探索式学习对项目绩效的显著影响（β = 0.729，P<0.001），六西格玛资源保障和利用式学习变得不再显著（β 值分别为 0.011 和 0.015）；随着 R^2 值从模型 11（六西格玛资源保障和利用式学习作为预测

变量）中的 0.217 到模型 12（六西格玛资源保障、利用式学习和探索式学习作为预测变量）中的 0.532，这个模型表现出了高度的显著性（F = 18.108，P<0.001），即利用式学习和探索式学习在六西格玛资源保障对项目绩效的影响中所起的中介作用是高度显著的。因此，假设 2 得到了验证。

表 4-18 六西格玛资源保障与团队学习和团队项目绩效的回归分析结果

变量	模型 9 利用式学习	模型 10 项目绩效	模型 11 项目绩效	模型 12 项目绩效
六西格玛资源保障	0.397**	0.395**	0.286*	0.011
利用式学习	—	—	0.272^a	0.015
探索式学习	—	—	—	0.729***
R^2	0.159	0.155	0.217	0.532
Adj R^2	0.142	0.138	0.185	0.503
F	3.303**	3.212**	6.754**	18.108***

注：a 表示在 0.1 水平上显著相关，* 表示在 0.05 水平上显著相关，** 表示在 0.01 水平上显著相关，*** 表示在 0.001 水平上显著相关。

（三）心理安全感与团队学习和团队项目绩效的关系验证

由表 4-19 的模型 1 和模型 13 可以看出，心理安全感与项目绩效正相关（β = 0.398，P<0.01）；由模型 14 可以看出，心理安全感能够预测探索式学习（β = 0.616，P<0.001）；由表 4-16 中的模型 4 可知，探索式学习显著影响项目绩效（β = 0.723，P<0.001）；由模型 15 可以看出，在同时引入心理安全感和探索式学习后，心理安全感对项目绩效的贡献变得不再显著（β = -0.061，不显著），而探索式学习对于绩效的影响则继续保持显著（β = 0.766，P<0.001）。这些结果满足了探索式学习在心理安全感对绩效的影响中起到完全中介作用的条件。因此，假设 3 亦得到了验证和支持。

表 4-19　心理安全感与团队学习和团队项目绩效的回归分析结果

变量		模型 1 项目绩效	模型 13 项目绩效	模型 14 探索式学习	模型 15 项目绩效
控制变量	企业性质	0.063	0.058	0.173	0.058
	企业所处行业	0.082	0.036	0.124	0.102
	团队规模	0.017	0.087	0.068	0.038
	项目持续时间	0.157	0.075	0.064	0.029
自变量	心理安全感	—	0.398 **	0.616 ***	−0.061
	探索式学习	—	—	—	0.766 ***
R^2		0.077	0.226	0.465	0.538
Adj R^2		0.021	0.160	0.420	0.487
F		1.345	3.421 *	10.193 ***	10.653 ***

注：* 表示在 0.05 水平上显著相关，** 表示在 0.01 水平上显著相关，*** 表示在 0.001 水平上显著相关。

三、研究结果解释

（一）团队学习与项目绩效关系分析

本次研究验证了"六西格玛团队学习行为提升六西格玛项目绩效"的假设。实证性地支持 Lloréns-Montes 和 Molina（2006）的研究结论，即团队学习将对质量改进绩效产生正向影响。本次研究还发现了六西格玛项目中的利用式学习与探索式学习对于项目绩效存在不同的影响机制：利用式学习是探索式学习的重要前提，是变革、创新、发展的基础；反过来，利用式学习并非直接作用于项目绩效，而是通过探索式学习的中介作用间接影响项目绩效。

项目团队成员通过多种方式开展利用式学习，包括通过与顾客、供应商、行业伙伴沟通所获得的信息，通过项目培训等途径所掌握的知识，以及通过对现有项目过程进行充分理解所得到的总结与反思等。利用式学习使团队成员具备了丰富的理论知识、过程信息以及工具方法，为后续的探索式学习奠定了扎实的基础。因此，利用式学习是团队成员收集新知识、整合新想法、掌握新技术的重要基础，也是团队成员得以深入探索、大胆创新的宝贵源泉。

同时，现有的信息、知识、总结与反思等利用式学习成果存在一定的"饱和性"，不足以体现出团队成员的创造力和团队的竞争实力，难以对团队项目绩效产生显著的直接影响。因此，在利用式学习的基础上，通过开展探索式学习，将利用式学习的成果传播、转化并整合为新的想法、知识和技术，促使团队项目绩效达到一个更高的水平。

（二）六西格玛资源保障对项目绩效的作用机制分析

研究表明，六西格玛资源保障是六西格玛项目成功的关键因素，但对项目绩效的影响受到团队学习过程的调节，即六西格玛资源保障经由六西格玛团队的学习行为和知识创造行为间接地影响项目绩效。这一结果实证性地支持了Linderman 等（2010）的研究结论，即资源是一个通过学习和知识创造影响项目绩效的因素。在实际的六西格玛项目实施过程中，这一结果也能够得到很好的解释。

六西格玛项目团队所拥有的资源包括项目数据库和知识管理系统，黑带大师、黑带等人员配置以及公司管理层的资源支持等，其中，项目数据库和知识管理系统中详细记载着以往实施六西格玛管理的成功案例、每一个六西格玛过程改进项目的历史信息、实施六西格玛所需的专业知识和流程细节。这些资源能够在项目团队需要时及时地为其提供理论依据、数据参考和咨询服务，是项目团队顺利完成六西格玛项目必不可少的资源。

项目中的黑带大师、黑带能够凭借其丰富的六西格玛知识储备和六西格玛实施经验引领团队成员完成项目。公司管理层的资源支持则可以在团队成员遇到困难时向其提供精神上的鼓励或资金上的扶持，帮助其在项目实施过程中排除阻碍、渡过难关。这些资源单独存在时并不能对绩效产生直接的影响，但团队成员拥有这些资源保障后，便可以更有针对性、更加高效地进行学习和知识创造，更好地进行探索和创新，从而促进项目绩效的提升。

（三）心理安全感对项目绩效的作用机制分析

研究表明，心理安全感是六西格玛项目成功的关键因素，且其对于项目绩效的影响是通过团队探索式学习的中介作用来实现的。同时研究还发现，团队成员的心理安全感仅影响六西格玛团队的探索式学习过程，而不影响其利用式学习过程。对此结论，可以这样理解，在六西格玛项目团队中，团队成员对现有的知识、信息进行学习和利用或是对当前项目的相关流程进行反思和总结时，并不存在无法克服的困难，也不会面临巨大风险，无须承担过多的责任，因而心理安全感对利用式学习的效果并不会产生显著影响。

探索、创新的过程则不然。创新本质上是一种冒险行为，极具风险性和不确定性，并非总是能够产生好的结果。因此，在从事探索性和创新性的工作时，团队成员往往需要更高水平的心理安全感来保障其能够全身心地投入工作中去。而只有在相互尊重、信任、包容的团队氛围中，团队成员才能够真正感到舒适和安全，彻底消除犯错的恐惧，放心地表达自己的真实想法，与他人沟通交流，有信心担任具有挑战性的工作，大胆从事创新和试验，且不必担心失败给他们带来的不利影响，从而有效增强其进行探索式学习的兴趣和意愿，提高其掌握新技术、创造新成果的可能性。

本章小结

本次研究引入团队学习作为中介变量，探讨六西格玛项目绩效影响因素对项目绩效的作用机制。研究基于团队学习的分类，全面考察了六西格玛项目社会因素、技术因素、探索式学习、利用式学习与项目绩效的关系。研究结果表明，六西格玛资源保障和心理安全感都是六西格玛项目成功的关键因素，两者对项目绩效的影响受到不同团队学习过程（中介变量）的调节。六西格玛项目技术因素中的资源保障通过团队利用式学习和探索式学习的联合中介作用间接影响项目绩效，六西格玛项目社会因素中心理安全感则通过团队探索式学习的完全中介作用来进一步促进项目绩效，即团队利用式学习和探索式学习在六西格玛资源保障对项目绩效的影响中起到联合中介作用，而团队探索式学习在心理安全感对项目绩效的影响中起到完全的中介作用。

第五章 项目特征为情境的六西格玛项目绩效形成机制研究

通过前两章的质化研究与实证研究，六西格玛项目绩效影响因素及其对项目绩效的作用机制有了较为深入的探索。质量管理实践对绩效的影响会受到情境因素的调节。因此，基于情境视角下探究质量管理实践对于各层次绩效影响方式的差异，对指导企业实践是非常必要的。

在质量管理实践中，情境因素主要包括组织特征、管理特征和外部环境特征等。大量的研究都是基于组织层次的研究，而对于项目层次考虑情境因素影响的研究相对较少。与之前基于权变视角、侧重组织层面的质量管理实践对经营绩效影响的研究不同，少数学者在项目层面，引入权变视角，进行了相关研究。Perminova 等（2008）提出，应当把项目的不确定性作为项目管理过程中的关键要素，并认为项目的不确定性和项目的时间、预算、范围以及质量等绩效的测量密切相关。Nair 等（2011）以新产品开发项目为研究对象，发现在项目不确定性影响下，项目关键要素对项目绩效产生不同的影响。许劲和周长安（2013）基于权变视角的研究发现，项目的不确定性在项目参与者关系与项目绩效之间起部分调节效应。

根据第三章的总体理论框架，本章以项目特征为切入点，考虑六西格玛项目的不确定性和复杂性与项目绩效影响因素的交互作用，深入挖掘六西格玛项目绩效影响因素对项目绩效的作用机制。首先对六西格玛项目的特征进行分析，在此基础上提出理论模型与相应的研究假设；然后通过问卷调查进行数据采集；最后应用层次回归进行数据分析，并对交互效应进行分析。

第一节 六西格玛项目的特征

关于项目的复杂性，其概念最早是 Baccarini（2006）提出的，将其定义为要素之间的差异性，并提出项目的复杂性分为两部分，分别是任务的复杂性和技术的复杂性。张延禄等（2012）通过大量文献进行总结指出，项目的不确定性更多地体现在项目要素之间的关系，项目的不确定性使新事物的涌现具有不可预知性，而且与周围的动态环境密切相关；并提出对项目掌握的信息量越大，对项目不确定评价所得出的结果差异性会越小。

从现有的研究看，目前尚未有针对六西格玛项目复杂性和不确定性的相关研究。在这里，针对大部分六西格玛项目的特点，给出六西格玛项目复杂性和不确定性的界定。

一、六西格玛项目的复杂性

六西格玛项目的复杂性主要体现在项目的涉及范围。有些项目是与公司战略目标和年度总体预算目标完成密切相关的重大改进项目，侧重于全流程、系统性及长周期的质量指标和技术指标的改善；有些项目重点解决公司范围内的关键技术质量难题、工艺优化和质量管理流程优化中的难题；有些项目解决与流程绩效水平密切相关的质量、成本、效率问题，以某一工厂或部门为主体，改善范围涉及与流程相关的其他工序或部门；有些项目侧重于解决各工厂或部门内部与绩效水平密切相关的质量、成本、效率问题，改善范围局限在本单位内，但覆盖内部不同的工作单元。一般来说，涉及范围越大、与公司战略目标联系越密切的改进项目，复杂性越高。

二、六西格玛项目的不确定性

六西格玛项目的不确定性主要表现在 DMAIC 各阶段面临的风险情况。项目定义阶段，项目目的是否明确、是否合理，所需的资源是否顺利获取；项目测量阶段，能否有效地收集描述问题性质和程度的数据，测量系统是否可靠；项目分析阶段，团队的创造性思维能否找到潜在的原因，建立预测变量与响应变量的关系；项目改进阶段，能否找到正确的改进方案；项目控制阶段，如何对改进结果加以控制保持，固化项目改进成果。项目的不确定性本质上是六西格玛项目实施过程中的各种风险因素，这些风险因素直接影响项目的顺利执行。

第二节　理论模型与研究假设

一、理论模型

根据第三章的总体理论框架，本项研究把六西格玛项目的不确定性和复杂性作为情境因素，分析不同项目特征与项目绩效影响因素之间的交互作用，研究的理论模型如图 5-1 所示。模型中，项目影响因素包括领导支持、心理安全感、跨部门合作、资源保障、结构化方法的使用、项目管理机制；情境因素为项目不确定性与复杂性。

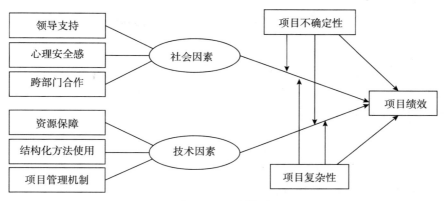

图 5-1 理论模型

二、研究假设

（一）六西格玛项目社会因素与项目绩效的关系假设

模型中的社会因素包括领导支持、心理安全感、跨部门合作。Deming（1986）提出高层领导可以通过对企业愿景、价值观及改进目标的构建，对企业实施质量管理实践给予必要引导，促进质量管理实践。质量大师 Powell（1995）曾提出高层领导的支持是质量改进项目成功的关键要素。Choo 等（2007）、Gadennie 和 Sharma（2009）都强调领导支持在质量改进项目中的重要作用。马义中等（2008）研究六西格玛项目在具体企业中的应用时也指出，六西格玛项目的成功实施离不开领导的积极参与和支持。领导的支持不仅可以落实组织保障和资源分配，也可以帮助完善奖励机制以及帮助消除跨部门合作遇到的障碍等，从而确保六西格玛项目的推行成功。

Edmondson 等（2003）提出，心理安全感作为很重要的一种社会心理构造会对团队学习产生影响，并指出心理安全感是一种共享信念，代表了项目团队成员对风险的承担能力。高心理安全的环境可形成安全、信任、自由与共担风险的氛围和文化，激起项目成员积极的心理和情绪反应。在这些氛围中，项目成员可以自由地探索六西格玛项目中出现的各种问题，充分自由地表达意见，将所承担的风险分担，这也是六西格玛项目成功所需的关键要素。

六西格玛项目改进流程通常涉及多个部门，来自不同部门的项目成员具有不同的知识背景，通过跨部门合作能够带来不同领域的知识，帮助项目成员更好地认识到与其他部门合作、分享自己的知识对于整个质量改进活动的意义。跨部门合作能够在发现问题、提供现场经验、数据收集等方面发挥积极作用，促进知识共享机制的建立，提高项目绩效。

综上所述，提出研究假设：

H1a：领导支持正向影响六西格玛项目绩效。

H1b：心理安全感正向影响六西格玛项目绩效。

H1c：跨部门合作正向影响六西格玛项目绩效。

（二）六西格玛项目技术因素与项目绩效的关系假设

模型中的技术因素包括资源保障、结构化方法的应用、项目管理机制。六西格玛资源包括项目团队中黑带系统、信息系统和知识库、统计软件、相关设备资源等。黑带系统是六西格玛项目得以成功开展的基本保障，对顺利完成项目至关重要。通过信息平台与知识库可以共享不同领域的知识，促进知识共享与学习。统计软件与设备资源为项目的开展提供了必要的条件。

在六西格玛项目中，结构化方法主要是指 DMAIC 过程，包括定义、测量、分析、改进和控制等阶段。DMAIC 方法是在 PDCA 质量改进循环理论的基础上形成的质量改进方法。它通过界定六西格玛项目范围，对现行系统进行测量和统计分析，采取有效的改进措施和控制手段，保证所改进的项目达到六西格玛要求的绩效水平。在六西格玛项目中，DMAIC 过程为项目提供了标准化的管理手段，有助于发现六西格玛项目中的重点和问题；同时 DMAIC 过程注重用事实数据说话，强调工具方法应用，在项目改进的动态发展中发现并解决问题，从而提高项目绩效。

项目管理机制涉及项目提出、目标设定、过程管理、项目结题评审。一个较为完善的六西格玛项目管理机制，有助于项目更好地明确目标，发现问题，并对项目进行持续改进。项目管理机制作为关键要素，需要项目成员重点考虑项目的选择实施与过程控制。项目选择应从战略导向、目标导向和问题导向三个维度进行考虑；项目实施过程中对项目的任务、资源、进度等方面需要进行科学、合理的规划和组织，从而保障项目顺利进行。

综上所述，提出研究假设：

H2a：资源保障正向影响项目绩效。

H2b：结构化方法的使用正向影响项目绩效。

H2c：项目管理机制正向影响项目绩效。

（三）项目特征与项目绩效的关系假设

项目的不确定性主要体现在项目预测变量和响应变量能否准确地描述，两者关系是否理解、是否清晰，该项目所选择的技术工具是否合适、能否有效地应用。可以预见，项目的不确定性越高，顺利完成项目的难度越大。

六西格玛项目的复杂性主要体现在涉及的范围，是否涉及多个部门，项目对于资源的需求与保障要求是否较高，项目是否要求不同领域的专业知识和技能。同样可以预见，项目复杂性越高，达成项目目标的难度越大。

根据上述内容可以提出以下假设：

H3a：项目不确定性负向影响与项目绩效。

H3b：项目复杂性负向影响与项目绩效。

（四）项目特征与项目绩效影响因素的交互作用假设

Nair（2006）指出，在质量改进项目中有一个隐含的假设，即需要考虑项目情境对项目绩效的影响。Linderman 等（2010）在研究中表明，在项目不确定性高的情况下，尽管改进专家、结构化方法的使用等技术因素对项目绩效有积极影响，但影响不是很明确。这些技术因素却有助于减少项目的复杂性对项目成功的负面影响。Choo（2013）在研究中也曾指出，通过对项目人员的技术培训和指导，提高这些技术因素可以简化项目的复杂情境，弱化项目复杂性对项目绩效的不利影响，从而提高项目绩效。

在项目不确定性程度高的条件下，领导的支持可以给予项目改进团队成员更多的心理安全感，从而提升团队成员的创造力，以弱化项目不确定性对项目绩效产生的不利影响。在六西格玛项目中，灵活有机的结构对于不确定性高的情况更容易获得成功，也就是说，在项目不确定性存在的情况下，领导支持、心理安全感等社会因素所发挥的作用更为明显。

在项目复杂性比较高的情况下，资源保障、结构化方法等技术因素发挥的作用更为明显。因为面对低复杂性的任务，一般都有规范的标准化流程，对技术因素和社会因素要求都不是很高。但是面对复杂性高的项目时，由于实践中经验和规则的不足导致项目没有相应的原则与标准可以遵循，这时候不仅需要领导的支持与参与等社会因素，更需要六西格玛工具、方法等技术因素的支持。

根据上述内容可以提出以下假设：

H4a：项目不确定性与领导支持对项目绩效具有交互影响。

H4b：项目不确定性与心理安全感对项目绩效具有交互影响。

H4c：项目不确定性与跨部门合作对项目绩效具有交互影响。

H4d：项目不确定性与资源保障对项目绩效具有交互影响。

H4e：项目不确定性与结构化方法的使用对项目绩效具有交互影响。

H4f：项目不确定性与项目管理机制对项目绩效具有交互影响。

H5a：项目复杂性与领导支持对项目绩效具有交互影响。

H5b：项目复杂性与心理安全感对项目绩效具有交互影响。

H5c：项目复杂性与跨部门合作对项目绩效具有交互影响。

H5d：项目复杂性与资源保障对项目绩效具有交互影响。

H5e：项目复杂性与结构化方法的使用对项目绩效具有交互影响。

H5f：项目复杂性与项目管理机制对项目绩效具有交互影响。

第三节　问卷设计与数据采集

一、变量测量

（一）六西格玛项目绩效影响因素的测量

前文指出，六西格玛项目影响因素已有多位学者进行研究和测量。本书对六西格玛质量改进项目的关键要素根据 Flynn 等（1994）的分类框架并结合企业具体的情境和质量改进实践基础将其分为技术因素和社会因素，社会因素包括领导的重视和参与、心理安全感、知识共享、六西格玛系统的架构、结构化方法的使用以及项目管理机制等。通过对 Saraph、Benson 和 Schroeder（1989）、Linderman 等（2004）、Choo 等（2007）、Gadennie 和 Sharma（2009）、奉小斌和熊伟等（2012）对质量管理实践要素的测量，结合实际情况进一步完善改进，最终的六西格玛项目绩效影响因素的测量题项如表 5-1 所示。

表 5-1　六西格玛项目绩效影响因素测量题项

变量	编号	题项
领导支持	LS1	高级主管会要求项目组成员定期汇报方案的进度
	LS2	请求高级主管协助项目方案遇到的问题
	LS3	高级主管会要求并监督部门执行项目方案
	LS4	高级主管会要求部门定期提报方案进度情况
	LS5	高级主管会指定特定方案
心理安全感	PS1	团队成员能够公开地提出问题及自己的看法
	PS2	团队成员能够接受彼此的差异

续表

变量	编号	题项
心理安全感	PS3	在这个团队中承担挑战性的任务是受鼓励的
	PS4	团队成员不担心表达真实想法
	PS5	在这个团队中，没有人会故意诋毁、破坏其他成员的努力
跨部门合作	KS1	项目进行中，部门之间乐意提供相关资源、知识给其他成员参考
	KS2	遇到问题时，部门之间总是相互讨论以共同寻求解决方案
	KS3	团队成员很愿意接受和自己专业背景不同的知识
	KS4	只要与项目相关的活动，不同部门成员都会乐于参与
	KS5	不同部门的团队成员都会设身处地地提供知识给其他成员
资源保障	SA1	团队拥有记录项目细节或历史信息的系统和数据库
	SA2	六西格玛项目需求可以完全获得公司管理层的资源支持
	SA3	公司有充足的黑带大师和黑带人员编制
	SA4	公司的知识管理系统可以为项目团队提供参考数据和咨询服务
	SA5	公司管理层能够帮助项目团队消除项目执行中的障碍
结构化方法的使用	SM1	项目严格遵循 DMAIC 步骤的顺序
	SM2	团队认为遵循 DMAIC 步骤很重要
	SM3	DMAIC 的每一步都忠实地完成了
项目管理机制	PM1	具有一套系统的六西格玛项目的选择流程
	PM2	具有解决六西格玛项目问题的团队组建程序
	PM3	根据组织战略、顾客反馈和抱怨，合理化建议确定改进机会
	PM4	具有一套有效的项目跟进程序，以了解项目的完成进度并加以督促
	PM5	建立了一套明确、客观、合理的项目成果评价体系

（二）项目特征的测量

关于项目的不确定性和复杂性，工程类项目的研究较多，对于质量改进项目，项目的不确定性和复杂性测量量表相对缺乏，通过借鉴曲刚等（2016）、何清华等（2013）、董静等（2000）对项目不确定性和复杂性的研究，进一步和专家探讨，制定测量题项如表5-2所示。

表 5-2 项目特征的测量题项

变量	编号	题项
项目的 不确定性	UP1	项目的预测变量和响应变量关系是清晰的
	UP2	测量的指标是清晰的
	UP3	有足够的关于该项目技术的确定信息
	UP4	该项目所需要的技术能够被很好地理解和描述
	UP5	该项目中的技术能够被正确执行
项目的复杂性	CP1	您所参与的项目对于资源的需求与保障要求很高（跨部门协调）
	CP2	您所参与的项目要求不同领域的专业知识和技能
	CP3	您所参与的项目涉及多个部门与流程
	CP4	您所参与的项目缺乏类似的项目可参考

（三）项目绩效的测量

六西格玛项目绩效的测量题项见第四章表4-6，本章不再赘述。

二、问卷设计与回收

本项研究所分析的单位是六西格玛项目团队。研究的调查对象、问卷发放和回收情况与前面两章相同，在第四章中已经进行了分析，因此本章不再重复阐述。

三、信度与效度检验

（一）信度检验

本研究对上述回收的样本数据，利用 SPSS 19.0 分析软件对量表进行信度检验。分别对自变量、情境变量和因变量的量表进行了 α 信度系数检验，结果如表 5-3 所示。

信度检验结果表明，9 个变量量表的 α 信度系数最大为 1.021，最小为 0.824，均达到可接受的信度水平（0.70 以上），表示量表具有较好的信度。

表 5-3　各变量的 α 信度系数检验结果

测量内容	测量项目	均值	标准差	α 系数
领导支持	5	5.067	0.941	0.877
心理安全感	5	5.478	0.958	0.824
跨部门合作	5	5.187	1.001	0.962
资源保障	5	5.682	1.041	0.877
结构化方法的使用	3	5.256	0.988	0.925
项目管理机制	5	4.853	1.072	0.949
项目不确定性	5	4.553	1.107	0.967
项目复杂性	4	4.425	1.121	1.021
项目绩效	6	5.434	1.134	0.903

（二）效度检验

1. 探索性因子分析

对样本进行 KMO 系数和巴特利特球形检验。检验结果如表 5-4 所示。其中，KMO 系数为 0.835，大于 0.7，巴特利特球形检验的显著性很小，P < 0.001，表明调查得到的数据是完全适合进行因子分析。采用主成分分析法进行因子提取，并利用方差最大化旋转法对其进行因子旋转。对于得到的结果，研究按照因子提取的标准和要求，即特征根大于 1、最大因子载荷大于 0.5（Arumugam 等，2013），得到上述 9 个变量相应的因子，表 5-5 展示了详细的因子提取情况。

表 5-4 样本适合性的检验结果

指标		数值
Kaiser-Meyer-Olkin 取样适切性量数		0.835
巴特利特球形检验	近似卡方分配	913.243
	自由度	54
	显著性	0.000

表 5-5 各变量的探索性因子分析情况（N=60）

变量名称	题项	因子载荷								
		因子1	因子2	因子3	因子4	因子5	因子6	因子7	因子8	因子9
领导支持	LS1	0.799	0.303	0.100	0.191	0.111	0.213	0.360	0.074	0.000
	LS2	0.786	0.090	0.170	0.00	0.191	0.145	0.461	0.034	0.074
	LS3	0.754	0.213	0.174	0.074	0.160	0.079	0.133	0.027	0.034
	LS4	0.740	0.156	0.144	0.034	0.059	0.012	0.211	0.055	0.027
	LS5	0.690	0.178	0.072	0.027	0.144	0.210	0.308	0.097	0.055
心理安全感	PS1	0.234	0.754	0.245	0.055	0.011	0.025	0.125	0.250	0.097
	PS2	0.260	0.732	0.187	0.097	0.240	0.146	0.056	0.191	0.250
	PS3	0.061	0.692	0.229	0.250	0.234	0.187	0.018	0.004	0.191
	PS4	0.360	0.663	0.201	0.191	0.195	0.234	0.169	0.260	0.004
	PS5	0.461	0.598	0.118	0.004	0.304	0.210	0.191	0.061	0.000
跨部门合作	KS1	0.133	0.212	0.811	0.260	0.311	0.271	0.143	0.360	0.074
	KS2	0.211	0.191	0.798	0.061	0.127	0.171	-0.071	0.461	0.034
	KS3	0.308	0.245	0.784	0.360	1.390	0.102	0.030	0.133	1.390
	KS4	0.125	0.379	0.752	0.461	1.210	0.032	0.252	0.061	1.210
	KS5	0.056	0.085	0.673	0.133	0.156	0.156	0.068	0.360	0.156
资源保障	SA1	0.018	0.173	0.023	0.768	1.267	0.209	0.225	0.461	1.267
	SA2	0.169	0.032	0.085	0.732	2.301	0.120	0.091	0.133	2.301
	SA3	0.191	0.034	0.023	0.701	1.124	0.297	0.064	0.211	1.124
	SA4	0.143	0.245	0.085	0.683	0.152	0.126	0.172	0.308	0.152
	SA5	-0.000	0.192	0.085	0.661	0.118	0.056	0.168	0.125	0.225
结构化方法的使用	SM1	0.126	0.030	0.101	0.134	0.856	0.203	0.125	0.056	0.091
	SM2	0.190	0.252	0.182	0.233	0.776	0.219	0.191	0.018	0.064
	SM3	-0.053	0.068	0.327	0.134	0.741	0.154	0.245	0.169	0.172

变量名称	题项	因子载荷								
		因子1	因子2	因子3	因子4	因子5	因子6	因子7	因子8	因子9
项目管理机制	PM1	0.257	0.225	0.023	0.233	0.032	0.765	0.379	0.191	0.168
	PM2	0.373	0.091	0.204	0.023	0.034	0.701	0.085	0.143	0.125
	PM3	0.313	0.064	0.452	0.125	0.245	0.676	0.173	−0.00	0.191
	PM4	0.130	0.172	0.009	0.030	0.192	0.621	0.032	0.126	0.245
	PM5	0.161	0.168	0.171	1.252	0.030	0.583	0.034	0.190	0.379
项目不确定性	UP1	0.261	0.125	0.182	0.145	0.252	0.210	0.768	0.023	0.085
	UP2	0.234	0.081	0.095	0.239	0.068	0.030	0.743	0.085	0.173
	UP3	0.312	0.096	0.023	0.123	1.561	0.210	0.726	0.096	0.032
	UP4	0.154	0.219	0.085	0.192	2.009	0.025	0.678	0.121	0.312
	UP5	0.113	0.106	0.096	0.030	1.129	0.146	0.624	0.213	0.154
项目复杂性	CP1	0.210	0.295	0.121	0.252	1.120	0.187	0.085	0.789	0.113
	CP2	0.058	0.027	0.213	0.068	2.109	0.234	0.085	0.776	0.210
	CP3	0.311	0.192	0.312	0.225	0.260	0.210	0.101	0.678	0.058
	CP4	0.127	0.030	0.154	0.091	0.061	0.271	0.182	0.631	0.311
项目绩效	PP1	1.390	0.252	0.113	0.134	0.360	0.171	0.327	0.276	0.754
	PP2	1.211	0.068	0.210	0.233	0.461	0.102	0.023	0.421	0.732
	PP3	0.156	0.225	0.058	0.023	0.133	0.219	0.204	0.112	0.692
	PP4	1.267	0.091	0.311	0.125	0.211	0.106	0.452	0.109	0.663
	PP5	2.301	0.064	0.127	0.030	0.308	0.295	0.009	0.134	0.598
	PP6	1.124	0.172	1.390	1.252	0.125	0.027	0.171	0.233	0.567
累计解释方差比例（%）		21.23	38.56	46.87	58.18	64.57	72.41	78.35	82.17	90.12

由表5-5中因子提取结果可知，领导支持、心理安全感、跨部门合作等9个因子的累计解释方差比例分别为21.23%、38.56%、46.87%、58.18%、64.57%、72.41%、78.35%、82.17%、90.12%，表明这9个变量的数据结构均具有良好的一维性，且其因子的命名也是合理的。另外，由于上述9个变量的内部测量题项的载荷值均大于0.5，表明其具有较好的建构效度，可以分别

对各变量的测量题项进行平均处理，并将各平均值作为变量的样本值代入后续的回归模型进行实证分析。

2. 验证性因子分析

利用 AMOS 软件对余下的 188 份数据进一步做验证性因子分析，以检验维度的稳定性。对领导支持等 9 个变量进行模型拟合分析，各变量的模型拟合指数结果如表 5-6 所示。

表 5-6 各变量的验证性因子分析相关拟合指数（N=188）

变量名称	绝对拟合指标				相对拟合指标		
	X^2/df	GFI	AGFI	RMSEA	NFI	IFI	CFI
领导支持	1.623	0.934	0.931	0.055	0.912	0.923	0.928
心理安全感	1.356	0.921	0.924	0.057	0.927	0.918	0.935
跨部门合作	1.526	0.908	0.912	0.052	0.906	0.920	0.911
资源保障	1.579	0.917	0.920	0.063	0.913	0.928	0.921
结构化方法的使用	1.324	0.909	0.927	0.056	0.924	0.912	0.919
项目管理机制	1.450	0.967	0.933	0.061	0.939	0.929	0.933
项目不确定性	1.387	0.969	0.911	0.049	0.948	0.943	0.926
项目复杂性	1.531	0.931	0.927	0.059	0.918	0.921	0.936
项目绩效	1.410	0.926	0.919	0.049	0.931	0.927	0.919
评价标准	<2	>0.9	>0.9	<0.08	>0.9	>0.9	>0.9

由表 5-6 可知，9 个变量的拟合指标均符合其相应的评价标准（X^2/df 小于 2，GFI、AGFI、NFI、IFI、GFI 均大于 0.9，RMSEA 小于 0.08），因此，各变量的理论模型与数据之间有较好的匹配性。结合探索性因子分析的结果可以得出，领导支持、心理安全感、跨部门合作、资源保障、结构化方法的使用、项目管理机制、项目不确定性、项目复杂性以及项目绩效的测量指标均表现出了较好的收敛效度，理论模型是可以接受的。

四、聚合分析

通过计算发现，70 个团队在各个变量上的 $R_{WG(J)}$ 值均超过了 0.7 的临界标准，即这些六西格玛过程改进项目团队的个体测量值均可以通过加总转换为团队层面的测量值。计算得出的各个变量 $R_{WG(J)}$ 的平均值如表 5-7 所示。

表 5-7 各个变量的 $R_{WG(J)}$ 的平均值

待测量变量	J	$\overline{S_{xj}}^2$	σ_{EC}^2	R_{WG}
领导支持	5	1.167	4	0.872
心理安全感	5	1.642	4	0.896
跨部门合作	5	1.263	4	0.827
资源保障	5	1.032	4	0.935
结构化方法的使用	3	1.291	4	0.819
项目管理机制	5	1.309	4	0.776
项目不确定性	5	1.590	4	0.749
项目复杂性	4	1.243	4	0.851
项目绩效	6	1.733	4	0.887

第四节 数据分析及研究结果

一、相关分析

在回归分析之前，先对回归分析涉及的所有变量进行简单描述性统计与相关分析，结果如表 5-8、表 5-9 所示。

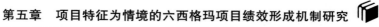

表 5-8　变量描述性统计

变量	均值	标准差
1. 企业性质	1.31	0.281
2. 企业所处行业	2.91	1.013
3. 团队规模	6.78	1.641
4. 项目持续时间	9.92	1.942
5. 领导支持	5.97	1.091
6. 心理安全感	5.478	0.958
7. 跨部门合作	5.566	1.008
8. 资源保障	5.682	1.041
9. 结构化方法的使用	5.590	1.003
10. 项目管理机制	5.543	0.979
11. 项目不确定性	5.342	0.920
12. 项目复杂性	5.291	0.874
13. 项目绩效	5.434	1.134

表 5-9　变量相关性分析

变量	1	2	3	4	5	6	7	8	9	10	11	12	13
1	1	—											
2	0.151	1	—										
3	0.204	0.062	1	—									
4	0.232	0.187	0.241	1	—								
5	0.185	0.139	0.019	0.201	1	—							
6	0.257	0.198	-0.116	0.157	0.619**	1	—						
7	0.186	0.094	0.258	0.129	0.412**	0.320*	1	—					
8	0.193	0.144	-0.010	0.220	0.613**	0.659**	0.569**	1	—				
9	0.074	0.058	0.039	0.123	0.609**	0.646**	0.598**	0.609**	1	—			
10	0.097	0.123	0.091	0.129	0.419**	0.541**	0.384**	0.639**	0.642**	1	—		
11	0.123	0.097	0.145	0.112	0.523**	0.612**	0.612**	0.384*	0.345*	0.478**	1	—	
12	0.113	0.065	0.102	0.130	0.669**	0.345*	0.507**	0.612**	0.673**	0.598**	0.567**	1	—
13	0.067	0.085	0.084	0.158	0.537**	0.443**	0.508*	0.409**	0.519**	0.647**	0.523**	0.612	1

注：①1 代表企业性质、2 代表企业所处行业、3 代表团队规模、4 代表项目持续时间、5 代表领导支持、6 代表心理安全感、7 代表跨部门合作、8 代表资源保障、9 代表结构化方法的使用、10 代表项目管理机制、11 代表项目不确定性、12 代表项目复杂性、13 代表项目绩效。② * 表示在 0.05 水平（双侧）上显著相关；** 表示在 0.01 水平（双侧）上显著相关。

二、层次回归分析

侯杰泰等（2005）建议，在做交互效应分析时，需要将自变量和情境变量进行中心化处理（个体值和均值之差），以减少多重共线性的潜在风险。因此本研究将六西格玛项目社会因素、技术因素、项目的不确定性和项目的复杂性进行中心化处理，并将处理后的自变量和情境变量两两相乘得到交互项，以进行进一步的检验。回归一共分为四步：一是在回归方程中加入控制变量；二是在回归方程包含控制变量的基础上加入自变量；三是在回归方程包括控制变量、自变量和因变量的基础上，加入情境变量，也就是做因变量对自变量和情境变量的回归；四是在回归方程包括因变量、自变量、情境变量和控制变量的基础上，加入自变量和情境变量的交互项，即做因变量对自变量、情境变量和两者交互项的回归，然后比较两者的 R^2 值，若后者显著高于前者，则表示交互效应显著。

（一）项目不确定性与项目绩效影响因素的交互作用分析

表 5-10 是项目不确定性、项目绩效影响因素及其交互项对项目绩效的回归结果。其中，模型 1 主要用于观察控制变量对六西格玛项目绩效的解释作用。首先在回归方程中引入 4 个控制变量（企业性质、企业所处行业、团队规模、项目持续时间），结果显示 4 个控制变量的回归系数均未达到显著水平。$R^2 = 0.077$，显示控制变量对项目绩效的解释力较低。

模型 2 和模型 1 相比，模型 2 引入六西格玛项目绩效影响因素的 6 个变量（领导支持、心理安全感、跨部门合作、资源保障、结构化方法的使用、项目管理机制）后，模型 2 对项目绩效的解释力显著上升，达到了 42.4%，较模型 1 有了很大程度的提高（$\Delta R^2 = 0.347$，$P < 0.01$），可以说模型 2 有很好的解释度。回归分析结果表明，上述 6 个六西格玛项目绩效影响因素对项目绩效均具有显著的正向影响（$P < 0.01$ 或 $P < 0.05$），因此，H1a、H1b、H1c、H2a、H2b、H2c 通过验证。

模型 3 和模型 2 相比，在回归模型 2 中加入项目不确定性得到模型 3。模型 3 对六西格玛项目绩效的解释力较模型 2 有了进一步提高，达到了 56.3%（$\Delta R^2 = 0.486$，$P<0.01$）。回归分析结果表明，项目不确定性对项目绩效具有显著的负向影响（$\beta = -0.194$，$P<0.05$），因此，H3a 通过验证。

模型 4 和模型 3 相比，在回归模型 3 中纳入项目不确定性与影响因素的交互项，以检验项目不确定性与影响因素对项目绩效的交互影响。结果显示，加入交互项后，模型 4 对项目绩效的解释力达到了 68.5%（$\Delta R^2 = 0.608$，$P<0.01$）。领导支持与项目不确定性的交互作用显著（$\beta = 0.156$，$P<0.05$），H4a 通过验证；心理安全感与项目不确定性的交互作用显著（$\beta = 0.184$，$P<0.05$），H4b 通过验证；跨部门合作与项目不确定性的交互作用显著（$\beta = 0.135$，$P<0.05$），H4c 通过验证；资源保障与项目不确定性的交互作用不显著（$\beta = 0.084$），H4d 没有通过验证；结构化方法的使用与项目不确定性的交互作用不显著（$\beta = -0.078$），H4e 没有通过验证；项目管理机制与项目不确定性的交互作用不显著（$\beta = 0.098$），H4f 没有通过验证。

表 5-10　项目不确定性与项目绩效影响因素的交互作用分析

	变量	模型 1	模型 2	模型 3	模型 4
控制变量	企业性质	0.063	0.048	0.044	0.039
	企业所处行业	0.082	0.051	0.048	0.040
	团队规模	0.017	-0.038	0.013	0.005
	项目持续时间	0.057	0.047	0.042	0.037
自变量	领导支持	—	0.231**	0.225**	0.201**
	心理安全感	—	0.223**	0.211**	0.218**
	跨部门合作	—	0.188*	0.149*	0.137*
	资源保障	—	0.216**	0.197*	0.135*
	结构化方法的使用	—	0.194*	0.173*	0.098
	项目管理机制	—	0.203**	0.188*	0.149*
	项目不确定性	—	—	-0.194*	-0.113*

续表

变量		模型 1	模型 2	模型 3	模型 4
交互项	项目不确定性×领导支持	—	—	—	0.156*
	项目不确定性×心理安全感	—	—	—	0.184*
	项目不确定性×跨部门合作	—	—	—	0.135*
	项目不确定性×资源保障	—	—	—	0.084
	项目不确定性×结构化方法的使用	—	—	—	−0.078
	项目不确定性×项目管理机制	—	—	—	0.098
R²		0.077	0.424	0.563	0.685
调整后 R²		0.021	0.413	0.544	0.660
ΔR²		—	0.347**	0.486**	0.608**

注：① *表示在 0.05 水平上显著相关，**表示在 0.01 水平上显著相关，***表示在 0.001 水平上显著相关；②所有相关系数都基于双尾检验。

（二）项目复杂性与项目绩效影响因素的交互作用分析

表 5-11 是项目复杂性、项目绩效影响因素及其交互项对项目绩效的回归结果。根据表 5-11，项目复杂性与影响因素对项目绩效的交互影响。

模型 1 与模型 2 和前面一致，不再赘述，从模型 3 开始分析。在回归模型 2 中加入项目复杂性得到模型 3，从表中可以看出，模型 3 中对六西格玛项目绩效的解释力较模型 2 有了进一步提高，达到了 53.6%（ΔR² = 0.477，P<0.01）。回归分析结果表明，项目复杂性对项目绩效具有显著的负向影响（β = −0.201，P<0.01），因此，假设 H3b 通过验证。

模型 4 和模型 3 对比：在回归模型 3 中纳入项目复杂性与影响因素的交互项，以检验项目复杂性与影响因素对项目绩效的交互影响。结果显示，加入交互项后，模型 4 对项目绩效的解释力达到了 62%（ΔR² = 0.576，P<0.01）。回归结果显示，领导支持与项目复杂性的交互作用显著（β = 0.143，P<0.05），H5a 通过验证；心理安全感与项目复杂性的交互作用不显著（β = 0.083，P<0.05），H5b 没有通过验证；跨部门合作与项目复杂性的交互作用显著（β =

0.156，P<0.05），H5c 通过验证；资源保障与项目复杂性的交互作用显著（β=0.149，P<0.05），H5d 通过验证；结构化方法的使用与项目复杂性的交互作用显著（β=0.175，P<0.05），H5e 通过验证；项目管理机制与项目复杂性的交互作用显著（β=0.166，P<0.05），H5f 通过验证。

表 5-11　项目复杂性与项目绩效影响因素的交互作用分析

变量		模型 1	模型 2	模型 3	模型 4
控制变量	企业性质	0.063	0.048	0.040	0.039
	企业所处行业	0.082	0.051	0.046	0.040
	团队规模	0.017	−0.038	0.023	0.005
	项目持续时间	0.057	0.047	0.041	0.037
自变量	领导支持	—	0.231**	0.202**	0.187**
	心理安全感	—	0.223**	0.148*	0.093
	跨部门合作	—	0.188**	0.221*	0.207*
	资源保障	—	0.216**	0.187*	0.135*
	结构化方法的使用	—	0.194*	0.199*	0.177*
	项目管理机制	—	0.203**	0.210*	0.169*
	项目复杂性	—	—	−0.201**	−0.113*
交互项	项目复杂性×领导支持	—	—	—	0.143*
	项目复杂性×心理安全感	—	—	—	0.083
	项目复杂性×跨部门合作	—	—	—	0.156*
	项目复杂性×资源保障	—	—	—	0.149*
	项目复杂性×结构化方法的使用	—	—	—	0.175*
	项目复杂性×项目管理机制	—	—	—	0.166*
R^2		0.077	0.424	0.554	0.653
调整后 R^2		0.021	0.413	0.536	0.620
ΔR^2		—	0.347**	0.477**	0.576**

注：① * 表示在 0.05 水平上显著相关，** 表示在 0.01 水平上显著相关，*** 表示在 0.001 水平上显著相关；② 所有相关系数都基于双尾检验。

三、研究结果解释

为了更加直观地展示交互效应，按照 Cohen（2003）推荐的绘制程序，并根据吴明隆（2010）提供的绘制方法，分别以高于均值和低于均值的一个标准差为基准，绘制交互作用图，显示项目特征与影响因素对项目绩效的影响。

（一）项目不确定性与项目绩效影响因素的交互作用

根据前文提及的回归结果，绘制出项目不确定性与六西格玛项目绩效影响因素的交互作用图，如图 5-2 至图 5-7 所示。

图 5-2 显示，在项目具有低不确定性的情况下，领导支持对项目绩效有正向影响，但提升作用不明显；而在项目具有高不确定性的情况下，领导支持对项目绩效的提升作用显著。当项目具有高不确定特征时，项目面临的不确定性因素就会增多，团队成员对项目能否顺利开展并取得成功的担心也会增多，从而对项目绩效产生负面影响。此时，如果领导能够及时地参与项目并提供更多的支持，使六西格玛项目团队感知到高的领导支持，这就会提高心理安全感，激起团队成员积极的心理，增强探索式学习的兴趣和意愿，通过创造性思维能找到潜在的原因，寻找相应的最优方案，实现项目成功。

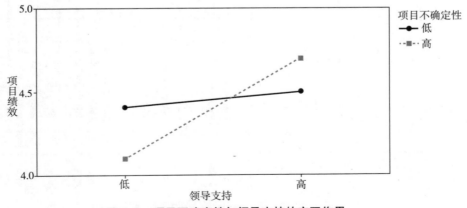

图 5-2 项目不确定性与领导支持的交互作用

图5-3显示，在项目具有低不确定性的情况下，心理安全感对项目绩效有正向影响，对项目绩效的提升作用不明显；而在项目具有高不确定性的情况下，心理安全感对项目绩效的提升作用十分明显。高不确定性项目在项目实施过程中具有较高的风险性，而高心理安全感的团队，成员之间相互容忍、信任、尊重，具有愿意承受风险的氛围。在这样的氛围中，团队成员之间的人际关系质量良好，乐于制订团队计划、分享团队信息、解决团队问题，有利于知识的共享与转移。这也在一定程度上有利用项目实施过程中新知识、新想法的涌现，从而保证高不确定项目的成功实施。

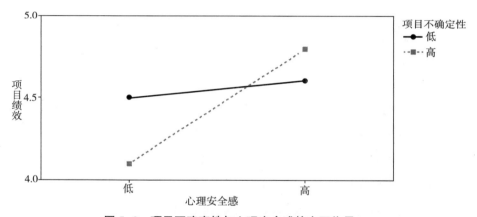

图5-3 项目不确定性与心理安全感的交互作用

图5-4显示，在项目具有低不确定性的情况下，跨部门合作对项目绩效有正向影响，但提升作用不明显；而在项目具有高不确定性的情况下，跨部门合作对项目绩效的提升作用明显。当项目具有高不确定性特征时，跨部门合作表现出更强的团队协作能力，来自不同领域的专家能够通过顺畅的交流，分享不同背景的专业知识和经验，互相启发，使来自不同部门的资源与知识得到充分的整合与利用，有效地应对项目的不确定性，减少项目实施过程中各阶段的风险，从而保证项目成功。

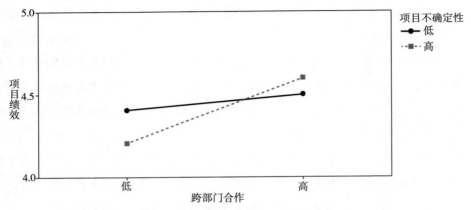

图 5-4　项目不确定性与跨部门合作的交互作用

图 5-5 显示，在项目具有低不确定性的情况下，资源保障对项目绩效有正向影响，但提升作用不明显；项目具有高不确定性的情况下，资源保障对项目绩效有正向影响，且提升作用同样不明显。资源保障包括项目所拥有的倡导者、黑带大师、黑带、绿带等人力资源，还包括设备、信息系统、知识库、软件工具等相关资源。这些项目资源为项目团队的项目实施提供了资源保障，但对于高不确定性项目来讲，即使进一步增加资源保障，也无法清晰、有效地识别影响因素及其与因变量之间的关系，这需要团队成员通过团队学习和知识创

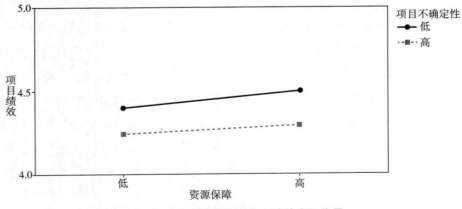

图 5-5　项目不确定性与资源保障的交互作用

造来识别因果关系。因此在高不确定性情况下，高的资源保障，并不能有效地促进项目绩效。

图5-6显示，在项目具有低不确定性的情况下，结构化方法的使用对项目绩效有正向影响，但提升作用不明显；而在项目具有高不确定性的情况下，结构化方法的使用对项目绩效存在微弱的负向影响，但负向影响作用不明显。在项目具有高不确定性特征时，一方面，团队很难有效地将项目目标完全量化到一个确定的缺陷率水平，而且过于强调结构化的方法使用，会限制类似头脑风暴法等非结构化方法的应用。另一方面，强调结构化方法的应用会使得项目团队的探索式学习能力不足，导致团队的创新思维不够，团队缺乏创造力，最终对项目绩效产生负面影响。

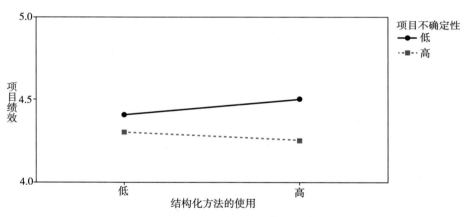

图5-6　项目不确定性与结构化方法的使用的交互作用

图5-7显示，在项目具有低不确定性的情况下，项目管理机制对项目绩效有正向影响，但提升作用不明显；在项目具有高不确定性的情况下，项目管理机制同样对项目绩效有正向影响，且提升作用也不明显。项目管理机制，主要聚焦于项目选择、项目计划、项目实施、项目评价等内容，良好的项目管理机制有助于项目的顺利实施。但在项目高不确定性条件下，项目团队不仅需要流程化、结构化的项目管理程序，更需要项目实施过程中对改进项目本身涉及的相关因素进行深入分析，找到关键的变量及其关系，进行优化。因此，项目

管理机制和项目不确定性之间不存在显著的交互作用。

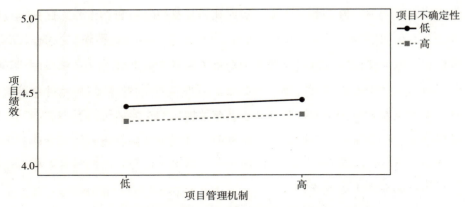

图 5-7　项目不确定性与项目管理机制的交互作用

（二）项目复杂性与项目绩效影响因素的交互作用

根据前文回归结果，绘制出项目复杂性与六西格玛项目绩效影响因素的交互作用图，如图 5-8 至图 5-13 所示。

图 5-8 显示，在项目具有低复杂性的情况下，领导支持对项目绩效有正

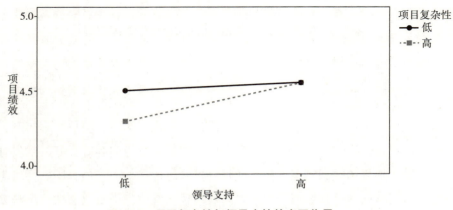

图 5-8　项目复杂性与领导支持的交互作用

向影响，但提升作用不明显；而在项目具有高复杂性的情况下，领导支持对项目绩效的提升作用明显。一般来说，高复杂性的项目涉及范围大，与公司战略目标联系密切，需要多部门的合作并且涉及多领域的知识和技能，因此，此类项目需要领导的大力支持。通过领导支持，有效地保障项目人员、资金、设备等资源的投入，促进跨部门合作，从而保证项目顺利实施。

图 5-9 显示，在项目具有低复杂性的情况下，心理安全感对项目绩效有正向影响，但提升作用不明显；而在项目具有高复杂性的情况下，心理安全感同样对项目绩效有正向影响，且提升作用也不明显。高心理安全感可在项目团队成员之间形成风险共担的氛围，增强其创新意识与学习动机。高心理安全感更多的是促进团队的探索式学习，对涉及范围大、与公司战略目标联系密切项目绩效作用有限。

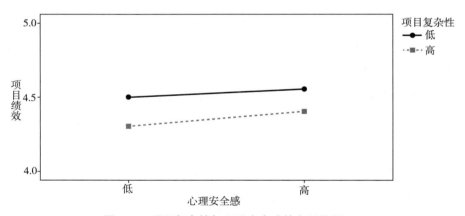

图 5-9 项目复杂性与心理安全感的交互作用

图 5-10 显示，在项目具有低复杂性的情况下，跨部门合作对项目绩效有正向影响，但提升作用不明显；而在项目具有高复杂性的情况下，跨部门合作对项目绩效的提升作用明显。高复杂性项目需要跨部门、跨流程甚至是跨组织合作的支持，通过项目团队向相关部门普及改进工具和方法，以及制订解决复杂问题的方案，完成改进项目。此外，复杂性高的项目难以明确阐述完成任务所需手段与目标的关系，执行高复杂性项目的团队需要及时与相关部门沟通，

并获得他们的及时反馈，调整后续行动方案。因此，跨部门合作是高复杂性项目顺利实施的关键要素。

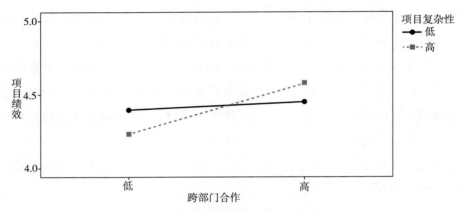

图5-10　项目复杂性与跨部门合作的交互作用

图5-11显示，在项目具有低复杂性的情况下，资源保障对项目绩效有正向影响，但提升作用不明显；而在项目具有高复杂性的情况下，资源保障对项目绩效的提升作用明显。当项目具有高复杂性时，由于项目涉及范围广，项目对资源的需求与保障要求很高，如果缺乏必要的资源保障，如缺乏人、财、物

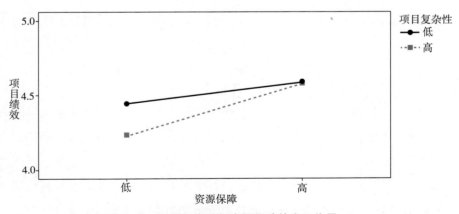

图5-11　项目复杂性与资源保障的交互作用

的投入，就很难保障项目的顺利实施。因此，对于高复杂性项目，应加强项目人员、资金、设备等资源的投入，有利于项目绩效提升；相反，当项目复杂性低，高的资源保障对项目绩效提升有限。

图 5-12 显示，在项目具有低复杂性的情况下，结构化方法的使用对项目绩效有正向影响，但提升作用不明显；而在项目具有高复杂性的情况下，结构化方法的使用对项目绩效的提升作用明显。在具有高复杂性的情况下，通过结构化方法的使用，把项目进行分解，细化为具体的可解决的问题，可以降低项目的复杂性，从而减少复杂性对项目绩效的影响。

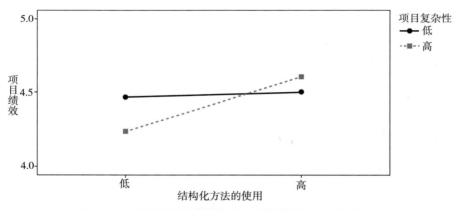

图 5-12 项目复杂性与结构化方法的使用的交互作用

图 5-13 显示，在项目具有低复杂性的情况下，项目管理机制对项目绩效有正向影响，但提升作用不明显；而在项目具有高复杂性的情况下，项目管理机制对项目绩效的提升作用明显。高复杂性的项目，由于涉及范围广、因素多，与企业战略目标联系紧密，因而需要更加科学、规范的项目管理机制，保障项目选择、项目计划、项目实施、项目评价的合理性与科学性，从项目管理的角度，保障项目的顺利实施。

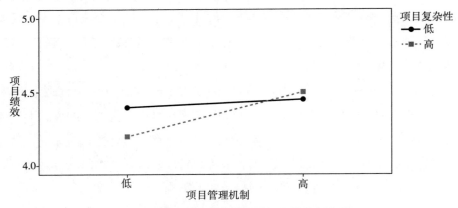

图 5-13　项目复杂性与项目管理机制的交互作用

四、研究结论

综合以上研究，通过应用层次回归的分析方法，本书深入挖掘了六西格玛项目特征与项目绩效影响因素对项目绩效的交互影响。假设检验情况汇总如表 5-12 所示。研究结果表明，大部分假设得到了验证，而部分假设未得到支持。

表 5-12　研究假设检验结果汇总

假设编号	假设具体描述	研究结论
H1a	领导支持正向影响六西格玛项目绩效	支持
H1b	心理安全感正向影响六西格玛项目绩效	支持
H1c	跨部门合作正向影响六西格玛项目绩效	支持
H2a	资源保障正向影响项目绩效	支持
H2b	结构化方法的使用正向影响项目绩效	支持
H2c	项目管理机制正向影响项目绩效	支持
H3a	项目不确定性负向影响项目绩效	支持
H3b	项目复杂性负向影响项目绩效	支持

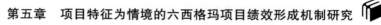

续表

假设编号	假设具体描述	研究结论
H4a	项目不确定性与领导支持对项目绩效具有交互影响	支持
H4b	项目不确定性与心理安全感对项目绩效具有交互影响	支持
H4c	项目不确定性与跨部门合作对项目绩效具有交互影响	支持
H4d	项目不确定性与资源保障对项目绩效具有交互影响	不支持
H4e	项目不确定性与结构化方法的使用对项目绩效具有交互影响	不支持
H4f	项目不确定性与项目管理机制对项目绩效具有交互影响	不支持
H5a	项目复杂性与领导支持对项目绩效具有交互影响	支持
H5b	项目复杂性与心理安全感对项目绩效具有交互影响	不支持
H5c	项目复杂性与跨部门合作对项目绩效具有交互影响	支持
H5d	项目复杂性与资源保障对项目绩效具有交互影响	支持
H5e	项目复杂性与结构化方法的使用对项目绩效具有交互影响	支持
H5f	项目复杂性与项目管理机制对项目绩效具有交互影响	支持

从表5-12可以看出，①六西格玛项目社会因素和技术因素均对项目绩效起正向影响作用。支持了之前的研究假设。说明本书在项目层次应用Flynn等（1994）的经典分类，将影响因素分为社会因素与技术因素是非常适合的，模型具有很清晰的解释力。这也说明了Flynn等（1994）对质量管理实践所进行的分类具有重大理论价值。②项目不确定性与领导支持、心理安全感、跨部门合作等社会因素具有交互作用，与资源保障、结构化方法的使用、项目管理机制等技术因素交互作用不明显。当项目具有高不确定性特征时，加强项目的社会因素保障，争取领导支持、提升团队心理安全感、促进部门合作，有利于项目绩效提升。③项目复杂性与资源保障、结构化方法的使用、项目管理机制等技术因素有交互作用，与领导支持、跨部门合作这两个社会因素具有交互作用，但与社会因素中的心理安全感交互作用不明显。当项目具有高复杂性特征时，需同时加强项目技术因素与社会因素的保障，方能有效提升项目绩效。

本章小结

　　本章以六西格玛项目特性为情境因素，选择项目不确定性与复杂性为情境变量，研究不同项目特征与项目绩效影响因素对项目绩效的交互影响。通过实证研究得出了以下结论：六西格玛项目社会因素和技术因素对项目绩效起正向相关作用；项目不确定性与领导支持、心理安全感、跨部门合作等社会因素之间具有交互作用，项目的不确定性越高，社会因素对项目绩效的正向影响越明显，技术因素对项目绩效的正向影响越不明显；项目复杂性与资源保障、结构化方法的使用、项目管理机制等技术因素具有交互作用，也与领导支持与跨部门合作具有交互作用，项目复杂性越高，技术因素和社会因素（心理安全感除外）对项目绩效的正向影响越明显。

第六章 知识创造对六西格玛项目绩效的影响研究

知识经济时代，知识已经成为企业发展的关键要素。知识管理和质量管理作为新经济时代两大重要的研究领域，借鉴并融合知识管理理论探究质量管理实践是当前学者们研究的前沿领域。Dooley（2000）指出，企业最根本的价值依赖于那些不能被模仿的知识，因而隐性知识将变得越来越重要，可以预期质量管理实践将把更多的注意力集中于隐性知识创造。Linderman 等（2011）率先运用 Nonaka（1991）的知识创造理论（SECI 模型），诠释了质量管理实践对知识创造过程的影响，发现了一些质量管理的代表性实践（如以顾客为焦点、持续改进等）可通过社会化、外部化、组合化与内部化四个交互过程促进知识的分享与创造，而知识创造又反过来促进质量管理实践并最终促进组织绩效的改善。Shan 和 Zhao（2013）结合中国国情，分析了质量管理实践对知识创造过程的影响，认为质量管理实践对知识创造过程有积极的影响。Choo（2013）进一步探讨了不同知识类型的创造过程，认为情境要素（如领导支持、团队氛围）相比于方法论要素（如使用标准测量、使用工具分析）更有利于促进隐性知识的创造。

Nonaka 的知识创造理论提供了一个非常有价值的视角，去理解六西格玛项目是如何通过 DMAIC 过程中的各类方法创造知识，从而促进六西格玛项目的成功。相较于其他类型的团队，六西格玛项目团队被认为是组织中知识创造力最活跃的部门。在六西格玛项目中，项目团队将个人知识转化为团队知识，同时将新知识用于实践，并作为进一步学习的基础。进一步而言，包括六西格玛项目在内的质量改进活动，并不是由项目团队简单获得新的或更多的知识，而是在解决问题的情境下，通过一套科学的方法和工具创造性地产生并使用这些新知识，从而解决质量问题的过程。这种新知识的创造能力以及运用知识资源获取竞争优势的能力，对企业的长期发展尤为重要。

依据第三章的总体理论框架，知识创造在影响因素与项目绩效之间起着中介作用，考虑到六西格玛项目本质上是一个知识创造的过程，为了深入探究六西格玛项目中的知识创造，以及知识创造对项目绩效的影响，本章聚焦于六西格玛项目团队的知识创造过程，首先对六西格玛项目中的知识创造的四种机制进行界定和测量，在此基础上提出理论模型与相应的研究假设，然后通过问卷调查进行数据采集，最后运用偏最小二乘法进行数据分析，验证六西格玛项目DMAIC 过程中的知识创造机制对项目绩效的影响。

第一节　六西格玛项目中的知识创造

因为知识具有社会性，所以个体在刺激创造性的环境下工作更容易激发创造力。相较于其他类型的团队，六西格玛项目团队被认为是组织中知识创造能力最活跃的部门。Anand 等（2010）通过实证研究发现六西格玛过程改进项目促进了组织知识的创造。组织实施六西格玛项目的首要任务是创建一个致力于流程改进的专家团队。六西格玛项目的成功实施需要多学科、跨职能团队的紧密合作和团队成员的集思广益，从不同角度对问题进行根本原因分析，最终获得最优的改进方案。六西格玛项目改进过程中，为更好地实施项目以及解决问题，项目成员会接受多种多样的培训。同时，每个项目团队成员本身就具有与项目选题相关的知识和经验，因此，团队成员多样的知识会通过 DMAIC 阶段所采用的各种技术在成员之间广泛共享。拥有不同专业知识和经验的六西格玛项目团队成员在解决问题时，通过一套科学的方法工具，创造新知识并使用这些新知识解决质量问题。

　　Schroeder 等（2008）指出，六西格玛项目中的知识创造是通过项目期间解决问题所使用的工具方法，以及汇集团队成员个人知识，并综合成团队层面的知识来实现的。虽然每个项目都有不同的目标和具体的工具方法，但这些项目总体上遵循标准化、结构化的 DMAIC 过程。在六西格玛项目中，各种方法工具的应用都可以增加团队成员的显性和隐性知识，以实现具体的项目目标。通过与六西格玛专家的探讨，本章按照 Nonaka 知识创造框架（1991），对六西格玛项目 DMAIC 过程中涉及的各类工具方法进行梳理与分析，将各类工具方法映射到 Nonaka 知识创造框架上，分类结果如图 6-1 所示。

<table>
<tr><td></td><td>隐性知识</td><td>显性知识</td></tr>
<tr><td rowspan="1">隐性知识</td><td>社会化
·头脑风暴
·名义群体技术
·"5Why"分析
·调查分析法</td><td>外部化
·工作分解结构（WBS）
·鱼骨图
·价值流程
·失效模式和影响分析</td></tr>
<tr><td>显性知识</td><td>内部化
·防错
·控制阶段的控制图
·培训一线操作人员
·工作轮换</td><td>组合化
·试验设计
·多元回归
·仿真
·质量功能展开</td></tr>
</table>

图 6-1　按知识创造机制分类的工具方法

　　根据知识创造框架，组合化实践用来进行显性知识的创造与共享，内部化实践将显性知识转化为隐性知识，社会化实践用来创造与分享隐性知识，外部化实践将隐性知识转化为显性知识。

一、组合化实践

　　使用组合化实践，六西格玛项目团队的负责人可以帮助团队筛选明确的数据，绘制明确的目标流程。Zhang 等（2004）提出，知识创造的组合化实践可以通过测量指标和分析数据了解过程因素之间的显性关系。Constant 等（1996）提出，组合化实践将不同来源的显性知识结合起来，重新配置和系统化，从而为组织提供新的显性知识。Breyfogle（2003）提出，组合化实践的重点在于对显性知识的理解，如通过使用软件计算相关关系，通过控制实验评估因果关系，通过应用试验设计（DOE）、质量功能展开（QFD）、多元回归、仿真等工具寻找相应的影响因素以及确定参数的最优化设置，这些显性知识的理解往往对流程改进项目有特殊效用。Snee 和 Hoerl（2003）提出在六西格玛项目的背景下，组合化实践的重点是保证显性知识易于访问，通过使用具有搜索功能的项目报告数据库等，实现知识的重用。

二、内部化实践

内部化实践可以使显性知识转化为团队成员的隐性知识，并用于过程改进工作。通常团队成员通过了解和借鉴其他领域和项目的最佳实践（如控制图、防错程序等）进行学习与吸收，将显性知识转化为隐性知识。内部化过程可以通过"学"与"用"的组合来完成，团队成员可以在运用所学知识的过程中获得新的隐性知识，也可以在改进实践中摸索出以前没有学过的隐性知识。例如，操作员可以依靠控制图提供的显性信息对制造过程进行调整，或者银行柜员基于客户的独特需求，可以对标准作业程序（SOP）进行调整。通常产品概念、制造流程等显性知识必须在企业实践中转变为个人的隐性知识。六西格玛项目中，为了项目顺利实施进行的学习活动（如在职培训）也属于典型的内部化做法，员工可以通过学习和掌握相关理论与方法，了解企业相关的手册、文件，使显性知识转变为自己的隐性知识。当显性知识被内部化后，它以思维方法或技术的形式存在于员工的隐性知识库中，扩充了团队成员的隐性知识库，并且当个人的隐性知识通过社会化与其他人共享时，新一轮知识创造的螺旋又会重新开始。

三、社会化实践

社会化实践所描述的是通过共享隐性知识（如经验）来创造新的隐性知识的过程。尽管隐性知识很难以固定的形式存在，并且很难与特定的时间、地点和事物联系在一起，然而通过共享隐性知识却可以创造新的隐性知识。Weick 和 Roberts（1993）提出，社会化实践将个人的隐性知识集中起来，并在团队成员之间建立起了对改进过程的共同理解。在六西格玛的背景下，社会化实践可以通过项目团队成员之间共同的项目经历，感知并学习到团队其他成员的隐性知识，也可以通过与顾客和供应商的相互作用过程来获取和利用他们的隐性知识。此外，社会化也可以发生在企业之外，例如，在某些非正式会议、会谈以及其他活动中，对业务与流程的认识、个人思维模式、相互信任等隐性知识都可以被共享或创造。

四、外部化实践

外部化实践能够以语言和视觉模式的形式将隐性知识明确表达出来。Hansen 等（1999）指出，外部化实践是将隐性知识（由个人和团队所持有）转换为显性知识的过程，例如，书面描述、客观数字以及各类便于小组讨论和分析的图片和图表。Jensen 和 Szulanski（2007）提出在六西格玛项目中，外部化实践通过提供模板帮助成员将难以编纂的隐性知识转化为显性知识，例如，工作分解结构（WBS）、鱼骨图、价值流程图、因果关系图、失效模式和影响分析图表等。通过这些模板，团队成员可以方便和清楚地了解隐性知识，促进沟通和分析，产生有助于项目目标实现的知识。外部化实践要求个人能够清晰地表达和总结知识，通过交流和综合隐性知识形成共享的显性知识。外部化实践旨在从团队成员中获取难以获取的隐性知识，相比仅通过获取显性知识的实践，获取隐性知识的实践可以实现更高水平的流程改进，这对于质量改进项目的成功至关重要。

第二节 理论模型与研究假设

一、理论模型

从前面的分析可以看出，Nonaka 的知识创造理论对理解六西格玛项目中的知识创造，提供了一个非常有价值的理论视角。从某种意义上讲，六西格玛项目就是一个知识创造的过程——随着项目的实施，通过外部化、内部化、社会化、组合化的四种知识创造机制创造并共享了大量与项目改进相关的知识，这些知识最终决定了六西格玛项目的绩效。

基于上述分析，并结合第三章的总体理论框架，本章基于知识创造视角，以知识为中介，构建了知识创造机制对六西格玛项目绩效影响的理论模型。模型如图 6-2 所示。

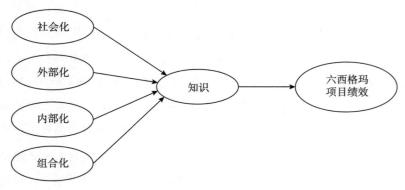

图 6-2 理论模型

二、研究假设

（一）四种知识创造机制与知识的关系假设

Nonaka 和 Takeuchi（1995）指出社会化是通过共享经验来创造隐性知识的过程。Linderman 等（2015）声明，社会化实践要求个体之间相互作用，在此基础上创造隐性知识，如共享心智模式和技术技能。Anand 等（2010）提出，在六西格玛项目的 DMAIC 过程中，项目团队应该分享技术知识和经验，通过分享汇集各种各样的技能、知识、经验和能力，为社会化实践提供基础。共享的经验和心智模式主要是通过 DMAIC 过程中讨论、分享与合作而产生的。在这些活动中，以团队为导向的反省性讨论为项目团队提供了大量的机会去分享不同的视角、意见和经验，这使每个人都可以更好地了解项目事项，并根据共同的理解做出决策。因此，提出以下假设：

H1a：在六西格玛 DMAIC 项目中，社会化实践对知识有积极的影响。

Nonaka 和 Takeuchi（1995）指出，外部化实践旨在鼓励项目团队用清晰的表达将隐性知识转化为显性知识。Linderman 等（2004）指出，外部化实践包括转化团队成员、顾客、供应商与专家之间的隐性知识或者加工和处理这些知识使其成为可以理解的形式。六西格玛项目 DMAIC 过程中的每一个阶段都是重要的，每一个阶段都包含一系列的工具和技术，旨在提供结构化的方法解决问题（Keller，2010）。项目团队应用各种六西格玛工具和技术去获取团队成员、顾客、供应商和专家的隐性知识，将业务流程中嵌入的隐性知识变成可理解的形式，从而使团队能够有效地改进业务流程（Allen，2011）。因此，提出以下假设：

H1b：在六西格玛 DMAIC 项目中，外部化实践对知识有积极的影响。

Nonaka 和 Takeuchi（1995）指出组合化实践就是将显性知识不同的元素重新配置成更复杂、更系统的显性知识。Henderson（2011）指出，在六西格玛 DMAIC 项目生命周期中，项目团队需要将多个信息源进行重新配置（整理、添加、组合、交换、合成）以确定问题、评估过程基本绩效、找出根本原因并生成解决方案。项目团队首先收集和综合商业信息，例如，顾客抱怨、产品/过程失效以及调查数据。然后用图表、条形图、帕累托图、流程图分析这些数据，并以此进一步了解过程的特性和运行状态。最后，项目团队运用六西格玛工具和技术，如试验设计和假设检验，验证每一个潜在的根本原因（Ginn 和 Varner，2011）。在讨论和分享期间，项目团队将团队成员的想法收集、整合并构建成不同的主题或类别，以产生潜在的解决方案。将与以往不同主题的显性知识重新配置，并从多个信息源产生新的知识合成（Nonaka，1994）。因此，提出以下假设：

H1c：在六西格玛 DMAIC 项目中，组合化实践对知识有积极的影响。

Nonaka 和 Takeuchi（1995）指出，内部化实践旨在鼓励项目团队通过讨论和分享将显性知识转化为个人隐性知识。在六西格玛项目 DMAIC 过程中，项目团队成员将显性知识内化成心智模式或 Know-how 技术的形式，使之成为自己隐性知识库的一部分。这个过程是在 DMAIC 阶段通过学习、团队讨论并以分享的方式进行。在项目团队讨论过程中，团队成员通过产品或者过程的图表、图片、文件和说明书等分享知识。通过项目团队的主题讨论和分享，每一个团队成员从不同的来源引出知识，分享团队其他成员的专业经验培育新的知识。内部化实践使团队成员对正在改进的过程会有更为深度的理解，丰富每个团队成员的知识库，增加他们的学习经验，有助于项目团队做出科学合理的改进决策。因此，有以下假设：

H1d：在六西格玛 DMAIC 项目中，内部化实践对知识有积极的影响。

（二）六西格玛项目中知识与项目绩效的关系假设

Pyzdek 和 Keller（2009）提出，六西格玛项目团队是具备各种各样的技能、知识、经验和能力的跨职能团队，团队成员彼此紧密合作以确定问题的根本原因并产生解决方案（Ray 和 John，2011）。每个项目团队成员都有关于项目事项的知识和经验，拥有多学科知识和经验的六西格玛项目团队相互作用可以创造更高效的知识（Anand 等，2010）。Zu 等（2008）提出，创建有关过程和产品的新知识有助于六西格玛项目的成功。Anand 等（2010）发现，六西格玛流程改进实践有助于创建组织知识，从而影响六西格玛项目的成功。Koskinen（2000）强调，产生知识的项目团队对项目的成功有显著影响，而缺乏知识创造可能会导致项目绩效不佳。因此，提出以下假设：

H2：六西格玛项目 DMAIC 过程中创造的知识对项目绩效有积极的影响。

第三节　问卷设计与数据采集

一、变量测量

本书涉及的测量变量包括自变量知识创造的四种机制（外部化、内部化、组合化、社会化）、因变量六西格玛项目绩效、中介变量知识。

（一）知识创造的测量

自 Nonaka（1995）建立了衡量知识创造机制的量表后，不同的学者在不同的研究领域中构建了各自的知识创造量表。Becerra-Fernandez 和 Sabherwal（2014）针对肯尼迪航天中心团队工作构建了基于个人层次的知识创造量表，研究的重点是个人对知识创造过程的满意度。Zhang 和 Lim（2004）为了衡量组织在产品开发过程中学习和积累知识的程度，构建了产品开发中的"学习和知识创造"（LAKC）的量表。Lee 和 Choi（2003）将知识管理流程纳入组织绩效建立了一个综合研究模型，构建了基于组织层面的知识创造量表。

本章关注的是六西格玛项目中的知识创造，为此，需要构建六西格玛项目情境下的知识创造量表。新量表的开发以 Nonaka 的知识创造量表为基础，同时充分考虑六西格玛项目的特征与情境，一方面，因为 Nonaka 等学者的研究成果已经被组织学习、新产品开发、信息技术等管理领域广泛认可；另一方面，因为在六西格玛项目中，知识创造过程不仅包括了知识的创造而且包括知识的转移，Nonaka量表中的知识创造与知识转移作为知识管理领域的两个重要研究问题被有机地联系在一起，因此这一量表是较为完整的。

通过对质量管理、六西格玛管理文献中关于知识创造机制的研究进行梳理，通过借鉴相关研究中采用的知识创造量表（Becerra-Fernandez 和 Sabherwal，2014），并经过与相关学者、专家、质量总监等反复讨论后，笔者开发了一个包含23个题项的初始量表，用于描述六西格玛项目中知识创造的四种机制。为了确保量表尽可能准确地反映潜变量的内涵，进一步邀请六西格玛管理、知识管理方面的研究人员与实务专家，对量表的题项和措辞进行完善。通过以上过程，完成了量表的设计，如表6-1所示。

表6-1　知识创造四种机制的测量题项

变量	编号	观测变量
外部化	EXT1	通过六西格玛项目相关文档将隐含的项目目标正式化
	EXT2	正式和系统地列出隐含的客户要求
	EXT3	将顾客的主观要求转换为客观要求
	EXT4	将顾客的隐性要求链接到特定的过程特性上
	EXT5	在数据库中记录六西格玛项目相关的改进建议
	EXT6	项目团队成员之间定期交流，且鼓励组员使用归纳、演绎等方法思考问题
内部化	INT1	在六西格玛项目过程改进中用已完成的报告和图表进行讨论
	INT2	基于已完成的六西格玛项目培训来提升团队成员的能力
	INT3	积极促进不同职能部门间的沟通与联络
	INT4	团队成员之间不断搜寻和分享新的观点和技能
	INT5	项目团队成员基于六西格玛项目的实施了解企业战略
组合化	COM1	用量化的方法对六西格玛项目的数值数据进行分析
	COM2	记录和收集六西格玛项目的数据和技术信息以供将来参考
	COM3	用已完成的六西格玛项目的报告作为当前项目的参考
	COM4	将六西格玛项目的结果正式编写为标准的操作程序
	COM5	用各种公开的文献资料及相关的方法来制定六西格玛项目策略
	COM6	建立与六西格玛改进过程有关的数据库

续表

变量	编号	观测变量
社会化	SOC1	项目团队成员之间的讨论
	SOC2	项目团队和相关顾客（内部顾客和外部顾客）之间的讨论
	SOC3	项目团队经常从销售、生产或者研发等核心部门收集信息
	SOC4	项目团队经常与供应商、客户、外部专家等分享经验
	SOC5	项目团队经常与企业外部竞争者进行正式或非正式的会谈
	SOC6	项目团队经常组织团队成员在组织内部和外部"走动"学习，发现新的战略和改进机会

（二）项目绩效的测量

六西格玛项目绩效的测量量表见第四章表4-6，本章不再赘述。

（三）知识的测量

本章的模型中以知识为中介变量。Smith、Collins 和 Clark（2005）指出，知识创造是组织成员通过知识交换和知识整合获取新知识的过程。为进行有效的知识交换和知识整合，团队成员必须吸收和整合通过交换得到的知识。

知识的测量有多种方式，学者们通常根据自己的研究对象和研究的实际情况来选择具体指标对知识进行测量。Maurer 等（2010）采用市场知识和技术知识两个维度对知识进行测量，测量市场知识的 2 个指标为：①在和项目组以外的同事一起时，讨论了很多关于市场的问题；②通过这个项目，项目组以外的同事获得了大量的市场信息。测量技术知识的 3 个指标为：①这个项目产生了新颖的思想；②这个项目丰富了项目成员对技术和产品的认识；③通过这个项目，推动了一些新的方法与工作的应用。本章主要是针对六西格玛项目中的知识，这里的知识更多的是关于产品、技术、过程、方法的知识。这些知识是团队成员的创造性想法，也可以是有助于问题解决的具体方案。基于 Maurer 等（2010）的知识量表，本章设计了相应的测量量表，如表 6-2 所示。

表 6-2　知识的测量题项

变量	编号	观测变量
知识	KNO1	开展活动时，团队产生了许多的想法
	KNO2	在项目中找到的解决方式对于公司而言显然是独特且创新的
	KNO3	团队在自己专长的领域内拓展了知识或技术
	KNO4	团队经常提出富有原创性且实用的解决方式
	KNO5	团队致力于创造性的问题解决方法和试验，以确定新的改进策略
	KNO6	六西格玛活动致力于将知识转化为一个可行的实施方案
	KNO7	进行六西格玛增强了项目团队的团队能力和知识

二、问卷设计与回收

本章所分析的单位是六西格玛项目团队。本章中研究的调查对象、问卷发放和回收情况与前两章相同，因此不再重复阐述。

三、信度与效度检验

（一）信度分析

对上述回收的样本数据，利用 SPSS 19.0 统计分析软件，分别对外部化、内部化、组合化、社会化、知识和项目绩效的量表进行 α 信度系数检验，结果如表 6-3 所示。

表 6-3　各变量的 α 信度系数检验结果

测量内容	测量项目（N）	均值	标准差	α 系数
外部化	6	5.682	1.041	0.877
内部化	5	5.478	0.958	0.824
组合化	6	4.953	1.121	0.795

续表

测量内容	测量项目（N）	均值	标准差	α系数
社会化	6	5.390	0.898	0.812
知识	7	5.460	0.970	0.864
项目绩效	6	5.434	1.134	0.903

表6-3表明，5个变量量表的 α 信度系数最大为 0.903，最小为 0.795，均达到可接受的信度水平（0.70 以上），即外部化、内部化、组合化、社会化、知识和项目绩效都具有较好的信度，此问卷内容分析的可靠性和稳定性较强。

（二）效度分析

1. 探索性因子分析

数据分析结果如表6-4所示。其中，KMO 系数为 0.796，大于 0.7，同时巴特利特球形检验的显著性很小，P<0.001，表明数据是适合因子分析的。

表6-4　样本适合性的检验结果

Kaiser-Meyer-Olkin 取样适切性量数		0.796
巴特利特球形检验	近似卡方分配	713.658
	自由度	54
	显著性	0.000

采用主成分分析法进行因子提取，得到相应的因子，如表6-5所示。

由因子提取结果可知，外部化、内部化、组合化、社会化、知识和项目绩效六个因子的累计解释方差比例分别为 33.256%、42.234%、51.547%、59.104%、65.987%和69.967%，表明这 5 个变量的数据结构均具有良好的一维性，且其因子的命名也是合理的。另外，上述 5 个变量的内部测量题项载荷值均大于 0.5，表明其具有较好的效度。

表 6-5　各变量的探索性因子分析情况（N=60）

变量名称	题项	因子载荷					
		因子 1	因子 2	因子 3	因子 4	因子 5	因子 6
外部化	EXT1	0.799	0.303	0.100	0.191	0.111	0.213
	EXT2	0.786	0.090	0.170	−0.004	0.191	0.145
	EXT3	0.754	0.213	0.174	0.074	0.160	0.079
	EXT4	0.740	0.156	0.144	0.034	0.059	0.012
	EXT5	0.690	0.178	0.072	−0.027	0.144	0.210
	EXT6	0.683	0.263	0.245	−0.055	0.011	0.025
内部化	INT1	0.260	0.754	0.187	0.097	0.240	0.146
	INT2	0.061	0.732	0.229	0.250	0.234	0.187
	INT3	0.360	0.692	0.201	0.191	0.195	0.234
	INT4	0.461	0.663	0.118	−0.004	0.304	0.210
	INT5	0.133	0.598	0.107	0.260	0.311	0.271
组合化	COM1	0.211	0.191	0.821	0.061	0.127	0.171
	COM2	0.308	0.245	0.784	0.360	1.39	0.102
	COM3	0.125	0.379	0.752	0.461	1.21	0.032
	COM4	0.056	0.085	0.673	0.133	0.156	0.156
	COM5	0.018	0.173	0.643	0.211	1.267	0.209
	COM6	0.169	0.032	0.601	0.308	2.301	0.120
社会化	SOC1	0.191	0.034	0.095	0.768	1.124	0.297
	SOC2	0.143	0.245	0.023	0.732	0.152	0.126
	SOC3	−0.002	0.192	0.085	0.701	0.118	0.056
	SOC4	−0.126	0.030	0.101	0.663	2.269	0.203
	SOC5	−0.190	−0.252	0.182	0.617	1.391	0.219
知识	KNO1	−0.053	0.068	0.327	0.134	0.856	0.154
	KNO2	0.257	0.225	0.023	0.233	0.776	0.034
	KNO3	0.373	0.091	−0.204	0.023	0.741	−0.212
	KNO4	0.313	0.064	−0.452	0.125	0.701	0.028
	KNO5	0.130	0.172	0.009	−0.030	0.676	0.023
	KNO6	0.161	0.168	0.171	1.252	0.621	0.198
	KNO7	0.261	0.125	0.182	0.145	0.583	0.210

续表

变量名称	题项	因子载荷					
		因子1	因子2	因子3	因子4	因子5	因子6
项目绩效	PP1	0.234	0.081	0.095	0.239	0.345	0.768
	PP2	0.312	0.096	0.023	0.123	1.561	0.743
	PP3	0.154	0.219	0.085	0.276	2.009	0.726
	PP4	0.113	0.106	0.096	0.421	1.129	0.678
	PP5	0.210	0.295	0.121	0.112	1.120	0.629
	PP6	0.058	0.027	0.213	0.109	2.109	0.576
累计解释方差比例（%）		33.256	42.234	51.547	59.104	65.987	69.967

2. 验证性因子分析

利用 AMOS 软件对余下的 188 份数据进行进一步的验证性因子分析，以检验维度的稳定性。对外部化、内部化、组合化、社会化、知识和项目绩效进行模型拟合分析，各变量的模型拟合指数结果如表 6-6 所示。

表 6-6 各变量的验证性因子分析相关拟合指数（N=188）

变量名称	绝对拟合指标				相对拟合指标		
	χ^2/df	GFI	AGFI	RMSEA	NFI	IFI	CFI
外部化	1.623	0.934	0.931	0.059	0.926	0.923	0.930
内部化	1.450	0.967	0.920	0.061	0.919	0.926	0.943
组合化	1.387	0.969	0.911	0.048	0.948	0.943	0.926
社会化	1.531	0.939	0.929	0.057	0.931	0.911	0.939
知识	1.498	0.971	0.915	0.070	0.952	0.947	0.935
项目绩效	1.410	0.926	0.919	0.049	0.931	0.927	0.919
评价标准	<2	>0.9	>0.9	<0.08	>0.9	>0.9	>0.9

由表 6-6 可知，6 个变量的拟合指标均符合其相应的评价标准（$\chi^2/df<2$，GFI、AGFI、NFI、IFI、GFI 均大于 0.9，RMSEA<0.08），因此，各变量的理论模型与数据之间有较好的匹配性。结合探索性因子分析的结果，可以得出，

外部化、内部化、组合化、社会化、知识和项目绩效的测量指标均表现出了较好的收敛效度，其理论构思模型是可以接受的。

四、聚合分析

通过计算发现，70 个团队在各个变量上的 $R_{WG(J)}$ 值均超过了 0.7 的临界标准，即这些六西格玛过程改进项目团队的个体测量值均可以通过加总转换为团队层面的测量值。计算得出的各个变量 $R_{WG(J)}$ 的平均值如表 6-7 所示。

表 6-7 各个变量的 $R_{WG(J)}$ 的平均值

待测量变量	J	$\overline{S_{xj}}^2$	σ_{EU}^2	R_{WG}
外部化	6	1.123	4	0.939
内部化	5	1.543	4	0.898
组合化	6	1.267	4	0.920
社会化	5	1.173	4	0.914
知识	7	1.287	4	0.928
项目绩效	6	1.733	4	0.887

第四节 数据分析与研究结果

一、相关分析

对各变量的均值、标准差和相关系数进行计算。涉及的变量包括企业性质、企业所处行业、团队规模、项目持续时间、外部化、内部化、组合化、社会化、知识以及项目绩效。描述性统计与相关分析结果如表 6-8、表 6-9 所示。

表 6-8 变量的描述性统计

变量	均值	标准差
1. 企业性质	1.31	0.281
2. 企业所处行业	2.91	1.013
3. 团队规模	6.78	1.641
4. 项目持续时间	9.92	1.942
5. 外部化	5.734	1.134
6. 内部化	5.328	0.996
7. 组合化	5.019	0.943
8. 社会化	5.365	1.054
9. 知识	5.482	1.158
10. 项目绩效	5.434	1.134

表 6-9 变量相关性分析

变量	1	2	3	4	5	6	7	8	9	10
1	1	—	—	—	—	—	—	—	—	—
2	0.151	1	—	—	—	—	—	—	—	—
3	0.204	0.062	1	—	—	—	—	—	—	—
4	0.232	0.187	0.241	1	—	—	—	—	—	—
5	0.193	0.144	−0.010	0.220	1	—	—	—	—	—
6	0.257	0.198	−0.116	0.157	0.543**	1	—	—	—	—
7	0.186	0.094	0.258	0.428*	0.511**	0.319*	1	—	—	—
8	0.083	0.062	0.045	0.167	0.609**	0.627**	0.572**	1	—	—
9	0.074	0.058	0.039	0.123	0.616**	0.641**	0.580**	0.621**	1	—
10	0.067	0.085	0.084	0.158	0.445**	0.487**	0.386*	0.636**	0.653**	1

注：①1 代表企业性质、2 代表企业所处行业、3 代表团队规模、4 代表项目持续时间、5 代表外部化、6 代表内部化、7 代表组合化、8 代表社会化、9 代表知识、10 代表项目绩效。②* 表示在 0.05 水平（双侧）上显著相关；** 表示在 0.01 水平（双侧）上显著相关。

二、模型的估计与检验

由于样本数量的限制，本章采用偏最小二乘的方法进行数据分析，使用 Smart PLS 3.0 软件对模型进行估计，模型使用的数据均进行了标准化处理。PLS 路径模型的参数估计结果如图 6-3 所示。路径系数是模型中各变量之间关

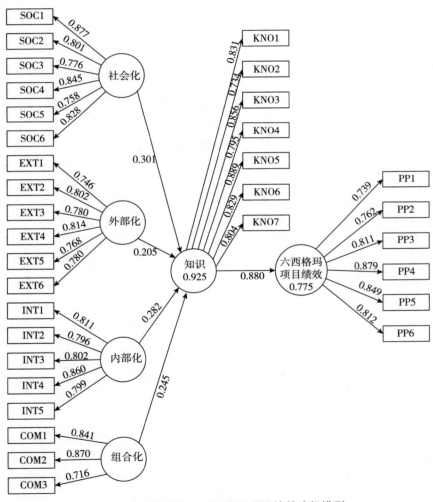

图6-3　知识视角下六西格玛项目绩效路径模型

系强度的最直接表现形式。图 6-3 清楚地显示了变量之间的路径系数大小和关系的强弱，椭圆内的数字表示的是内生潜变量对外生潜变量回归的可决系数；潜变量之间的关系用路径系数表示，可以根据其大小和符号对它们之间的影响进行分析；显变量与潜变量之间的系数为结构变量对观测变量的载荷。

（一）模型的检验

知识的拟合优度 R^2 的值为 0.925，六西格玛项目绩效的拟合优度 R^2 的值为 0.775，说明知识创造的四种机制对六西格玛项目绩效的解释程度很高。基于 Bootstrapping 计算的外部模型的路径参数的 T 统计量值如表 6-10 所示，外部模型路径参数的 T 统计量值在 5% 的显著水平上均超过了 1.96 的临界值（大样本情况下，可近似 Z 统计量），说明外部模型中观测变量对潜变量的影响均是显著的。

表 6-10　外部模型 T 统计量值

变量		T 统计量值	变量		T 统计量值
外部化	EXT1	2.56	内部化	INT1	3.36
	EXT2	6.90		INT2	4.86
	EXT3	6.05		INT3	4.02
	EXT4	4.99		INT4	5.72
	EXT5	3.68		INT5	3.97
	EXT6	6.52	社会化	SOC1	6.03
组合化	COM1	4.70		SOC2	3.01
	COM2	5.69		SOC3	3.71
	COM3	3.26		SOC4	4.36
知识	KNO1	5.19		SOC5	3.16
	KNO2	3.18		SOC6	4.14
	KNO3	4.20	六西格玛项目绩效	PP1	3.83
	KNO4	3.46		PP2	2.54
	KNO5	6.31		PP3	3.08
	KNO6	4.27		PP4	5.58
	KNO7	5.41		PP5	5.74
				PP6	4.58

从表6-11可知，在内部模型中路径参数估计的 T 统计量值在5%的显著水平上均超过了1.96的临界值，说明潜变量之间的路径关系都是显著的。

表6-11　内部模型 T 统计量值

变量关系	T 统计量值	变量关系	T 统计量值
外部化—知识	2.443	组合化—知识	4.589
内部化—知识	3.337	知识—六西格玛项目绩效	5.834
社会化—知识	4.169	—	—

(二) 模型的路径系数分析

表6-12列出了 PLS 路径模型中显变量与其潜变量的影响系数，显变量与

表6-12　PLS 路径模型中显变量与其潜变量的影响系数

变量		影响系数	变量		影响系数
外部化	EXT1	0.746	内部化	INT1	0.811
	EXT2	0.802		INT2	0.796
	EXT3	0.780		INT3	0.802
	EXT4	0.814		INT4	0.860
	EXT5	0.768		INT5	0.799
	EXT6	0.780	社会化	SOC1	0.877
组合化	COM1	0.841		SOC2	0.801
	COM2	0.870		SOC3	0.776
	COM3	0.716		SOC4	0.845
知识	KNO1	0.831		SOC5	0.758
	KNO2	0.734		SOC6	0.828
	KNO3	0.856	六西格玛项目绩效	PP1	0.739
	KNO4	0.795		PP2	0.762
	KNO5	0.889		PP3	0.811
	KNO6	0.829		PP4	0.879
	KNO7	0.804		PP5	0.849
				PP6	0.812

其潜变量的路径系数均大于 0.7，这说明各个显变量对其潜变量的影响程度较高，本章设计的模型是合理的，符合 PLS 路径模型的要求，满足 PLS 路径模型的检验标准，研究模型路径关系设计是合理可信的。

表 6-13 给出了 PLS 路径模型潜变量间的影响关系及影响系数，结果表明，所有的研究假设都得到了支持。H1a~H1d 的假设检验结果表明，社会化、外部化、组合化和内部化四种知识创造机制对知识有积极的作用。这些结果与Anand 等（2010）的研究一致，在他们的研究中，社会化、外部化、组合化和内部化都显著地影响了知识。

表 6-13　PLS 路径模型潜变量间的影响关系及影响系数

变量关系	影响系数	变量关系	影响系数
外部化—知识	0.205	组合化—知识	0.245
内部化—知识	0.282	知识—六西格玛项目绩效	0.880
社会化—知识	0.301	—	—

将社会化、外部化、组合化和内部化与知识的直接路径系数（基于标准化的估计）进行比较表明，四种知识创造机制对知识的影响具有相似的效果。其中的路径系数分别是社会化为 0.301、外部化为 0.205、内部化为 0.282 和组合化为 0.245。结果表明，对于使用六西格玛 DMAIC 过程进行流程改进的团队来说，所有知识创造机制（社会化、外部化、组合化和内部化）都能有效地促进项目知识的增加。与此同时，知识创造的四种机制对知识的影响也存在一些差异，按照从高到低的顺序排列，分别是社会化、内部化、组合化、外部化。因此，可以认为在六西格玛项目的实施过程中，相对于显性知识的创造与共享，通过社会化、内部化实践将现有的显性知识与隐性知识转化为新的隐性知识更有价值，也更为重要。

三、研究结果解释

（一）社会化对知识的影响

社会化即隐性知识与隐性知识之间的转化。从表 6-11 中可以看出，社会化对知识的影响十分显著。社会化与知识的路径系数为 0.301，因此，H1a 成立。研究结果表明六西格玛 DMAIC 过程中社会化实践对知识的增长具有积极影响，这与 Arthur（2010）的研究一致。他的研究也表明，六西格玛 DMAIC 项目的成功需要项目团队成员通过共享经验、心智模式或者技能等隐性知识，把个人的隐性知识转换为团队的隐性知识。Linderman 等（2004）指出，将具有不同知识和经验的团队成员聚集在一起，是社会化实践中知识转化和创造的必要条件。因此可以认为，通过社会化实践实现隐性知识的转化和创造，对于六西格玛项目的成功至关重要。

（二）外部化对知识的影响

外部化是从隐性知识到显性知识的转化，从表 6-11 中可以看出，外部化实践化对知识的影响是显著的，外部化与知识的路径系数为 0.205。因此，H1b 成立，表明外部化实践同样对知识的增长具有积极影响。在 DMAIC 阶段，项目团队由多个部门的成员组成，共同讨论问题，提出自己的建议与意见，产生过程改进或是产品设计的想法。在这些团队活动中应用六西格玛工具和技术（如头脑风暴、因果图和 Why-Why 分析），将个体的隐性知识转化为团体的显性知识，最大限度地实现知识共享。Maisel E. 和 Maisel A.（2010）的研究表明，头脑风暴是项目团队用来产生想法的技术之一。Connie（2008）的研究中提及，可以用因果图将团队成员的想法组织成不同类别的根源。Latino 等（2011）提到，团队可以通过使用 Why-Why 分析技术来建立关于过程输出和输入之间的因果关系模型。

（三）　内部化对知识的影响

内部化即显性知识向隐性知识的转化，从表 6-11 中可以看出，内部化实践对知识的影响是显著的，内部化与知识的路径系数为 0.282，因此，H1c 成立，表明内部化实践对知识的增长具有积极影响。在六西格玛项目中，显性知识可以通过共享心智模型或技术诀窍的形式扩展团队成员的隐性知识库。通过讨论学习、知识共享，每个团队成员都能充分吸收团队知识并通过反思与研讨，对相关主题形成深入的理解。这个过程不仅可以帮助项目团队提高学习经验，还可以帮助他们在整个 DMAIC 过程中做出科学合理的决策。

（四）　组合化对知识的影响

组合化即显性知识与显性知识之间的转化，从表 6-11 中可以看出，社会化对知识的影响是显著的，组合化与知识的路径系数为 0.245，因此，H1d 成立，表明组合化实践对知识的增长具有积极影响。Nonaka 和 Konno（1998）在研究中指出，整合从多个信息来源的显性知识可以重新构建不同的显性知识。在六西格玛项目中，定义问题、测量变量、确定根本原因以及为问题寻求解决方案的所有过程，都需要项目团队通过文件、会议、电话、网络等方式来整理、分类、交换和重组现有的显性知识，进而形成新的显性知识。当现有显性知识的存储量越大、越容易接触时，组合化过程就越容易发生。为了实现这个目标，项目团队利用网络和数据库进行数据收集，用表格、图表进行数据呈现，用相关的工具方法来验证和确定根本原因，最后通过整合团队成员的经验、知识产生潜在的解决方案。

（五）　知识对六西格玛项目绩效的影响

从表 6-11 中可以看出，知识对六西格玛项目绩效的影响是显著的，知识对六西格玛项目绩效的路径系数为 0.880，因此，H2 成立。结果表明，通过知识创造实践产生的知识对六西格玛项目绩效具有显著的影响。这一结果支持了 Koskinen（2000）的结论。他强调，项目团队缺乏知识创造实践可能会导致项目绩效不佳。每个项目组的成员都有不同的知识和经验，他们之间的相互作用可以有效地创造知识。企业开展质量改进活动时，知识创造实践会促使团队成员产生许多新的想法，产生关于过程改进的新知识，团队成员在各自专长的领域内拓展了新的知识或技术，有助于项目团队成员找到问题的根源，提出创造性的问题解决方案，从而保证项目的成功。

本章小结

本章以知识创造为基础，基于 Nonaka 的知识创造理论，在厘清六西格玛项目中各类知识创造具体形式的基础上，以知识为中介变量，通过使用偏最小二乘（PLS）方法，实证研究了六西格玛项目 DMAIC 过程中组织知识创造机制与知识、知识与六西格玛项目绩效之间存在的关系。研究结果表明，六西格玛项目 DMAIC 过程中的各种方法涉及了社会化、外部化、组合化和内部化四种知识创造机制。六西格玛 DMAIC 过程中开展的知识创造实践，实现了隐性知识与显性知识之间的相互转换以及个体知识到团队知识的转移，并且六西格玛 DMAIC 过程创造的知识在知识创造机制与六西格玛项目绩效之间起着近似完全的中介作用。

第七章 研究结论与展望

第一节 主要研究结论

本书围绕着"六西格玛项目绩效影响因素及其作用机制研究"展开了两个层次的研究：首先通过质化研究，辨识与提炼了六西格玛项目绩效影响因素、中介因素与情境因素，构建了本书的总体理论框架；随后根据质化研究部分提出的总体理论框架，展开了三个不同角度的实证研究，对影响因素的作用机理进行深入探究。得出如下主要结论：

1. 六西格玛项目绩效影响因素可分为社会因素与技术因素两大类，通过团队学习与知识创造的中介作用、项目特征的交互作用影响项目绩效

应用扎根理论辨识与提炼出影响六西格玛项目绩效的相关变量范畴，在进一步分析主范畴典型关系结构的基础上，构建了六西格玛项目绩效影响因素的总体理论框架。其中，前因变量包括社会因素与技术因素两个层面的 6 个变量，分别是领导支持、心理安全感、跨部门合作、资源保障、结构性方法的使用、项目管理机制；中介变量为团队学习和知识创造；情境变量为项目的不确

定性、项目的复杂性。由此构建的总体理论框架清晰地展示了主范畴之间的相互关系，以及对六西格玛项目绩效的影响路径。

2. 利用式学习与探索式学习在资源保障和心理安全感对项目绩效的影响中起着不同的中介作用

团队利用式学习是探索式学习的前提和保障，并通过探索式学习影响六西格玛项目绩效。分析结果显示，探索式学习在利用式学习对项目绩效的影响中起到完全中介作用。资源保障和心理安全感对项目绩效的影响受到不同团队学习过程（中介变量）的影响，其中，六西格玛资源保障通过团队利用式学习和探索式学习的联合中介作用间接影响项目绩效，心理安全感则通过团队探索式学习的完全中介作用来影响项目绩效。

3. 六西格玛项目的不确定性和复杂性与项目绩效影响因素对项目绩效存在交互影响

六西格玛项目社会因素和技术因素对项目绩效起正向相关作用。项目不确定性与领导支持、心理安全感、跨部门合作等社会因素之间具有交互作用，项目的不确定性越高，社会因素对项目绩效的正向影响越明显，技术因素对项目绩效的正向影响越不明显。项目复杂性与资源保障、结构化方法的使用、项目管理机制等技术因素具有交互作用，也与领导支持与跨部门合作等社会因素具有交互作用，项目复杂性越高，技术因素和社会因素（心理安全感除外）对项目绩效的正向影响越明显。

4. 六西格玛项目 DMAIC 过程中四种不同知识创造实践地促进了知识增长，有效提升了项目绩效

六西格玛项目 DMAIC 过程中的各种方法涉及了社会化、外部化、组合化、内部化四种知识创造形式。六西格玛 DMAIC 过程中使用的知识创造实践，实现了隐性知识与显性知识之间相互转换以及个体知识到团队知识的转移，有效地促进了知识的增长，提升了项目绩效。研究表明，项目所创造的知识在知识创造机制与六西格玛项目绩效之间起着近乎完全中介作用。

第二节 创新点

本书基于中国企业的六西格玛实践，针对国内六西格玛管理研究方法属性较强，缺乏多元视角、微观层面研究的情况，融合相关组织管理理论，以微观的项目绩效影响因素及其作用机理为研究对象，通过质化研究与实证研究相结合的方式，构建并验证了相应的理论模型。本书丰富了国内质量管理领域的现有研究，具有较强的理论创新性与实践指导意义。

本书的创新点主要有：

1. 基于扎根理论构建的总体理论框架，揭示了六西格玛项目绩效的影响因素及其形成机制

基于扎根理论，在辨识与提炼了六西格玛项目绩效影响因素以及中介因素与情境因素的基础上，构建了总体的理论框架。总体的理论框架融合了团队学习、情境理论、知识创造等组织领域的相关理论，清晰地展示了各变量之间的相互关系，以及对六西格玛项目绩效的影响路径。该理论框架对于理解微观层面的质量管理实践具有重要的理论价值，拓展了质量管理实践研究的边界；同时，对于企业开展包括六西格玛项目在内的各类质量改进实践，具有很强的指导价值。

2. 基于团队学习的视角，探究了六西格玛项目中团队学习对项目绩效的影响机制

从六西格玛项目团队学习的视角进行切入，探究了利用式学习和探索式学习作为中介变量时，六西格玛项目的社会因素与技术因素（心理安全感和资源保障）影响项目绩效的作用机制。本书融合了团队学习与六西格玛管理两个领域的研究，揭示了六西格玛项目中的团队学习对项目绩效的作用机制，强调了六西格玛不只是一个纯粹技术性的、以统计数字为基础的管理方法，团队学习是贯彻整个六西格玛项目全过程的重要内容，团队成员的学习，特别是探索式学习对项目取得成功至关重要。本书重点丰富了六西格玛管理中团队学习

的研究，研究结果对企业的六西格玛实践具有重要启示。

3. 以项目特征作为情境因素，分析了不同项目特征下项目绩效影响因素对项目绩效的作用机制

以情境视角为切入点，选择项目的特征为情境变量，分析了项目的不确定性和复杂性与项目绩效影响因素的交互作用，深入分析六西格玛项目绩效影响因素对项目绩效的作用机制。本书将项目特征作为情境因素，首次实证研究了六西格玛项目特征与项目绩效影响因素之间的交互作用，研究具有一定的创新性。对企业实践而言，本书也为项目管理者指出，在具体实施六西格玛项目时，应采取权变的视角来进行项目管理，保证六西格玛项目的有效实施，从而提升项目绩效。

4. 基于知识创造理论，挖掘了知识创造实践对六西格玛项目绩效的影响机制

本书基于知识创造理论，以知识为中介变量，实证研究了六西格玛项目DMAIC过程中知识创造机制（社会化、外部化、组合化和内部化）与知识、知识与六西格玛项目绩效之间的关系。本书从知识创造的视角审视了六西格玛项目的DMAIC过程，这种融合知识管理与质量管理实践的研究视角，是质量大师戴明渊博的知识体系在当今先进质量管理方式中的一个重新回应，对于回归质量管理实践的本质极具启示。本书表明，质量管理实践本质上是一个知识创造的过程，而知识管理和组织学习是实现知识创造的根本途径。从某种意义上讲，质量管理实践逐步向知识管理的方向发展，这是质量管理秉承持续改进，追求卓越原则的必然结果。

第三节　管理建议

1. 加强六西格玛项目绩效影响因素的保障

一是要加强影响项目绩效的社会因素保障。通过强化领导支持，积极落实组织保障与资源分配，完善奖励机制，确保六西格玛项目顺利实施。努力提升

员工心理安全感，促进成员之间的相互信任，形成共担风险的氛围和文化，增强员工的创新与学习动机。加强跨部门协调与合作的工作机制，协同解决涉及跨部门的流程优化问题。

二是要加强影响项目绩效的技术因素保障。为项目的顺利实施，需要加强人力资源、设备、信息系统、知识库、软件工具等相关资源保障，为基于DMAIC 方法的团队学习和知识创造良好的条件。遵循 DMAIC 的流程，加强培训学习，以数据和统计分析为基础，科学合理地使用工具方法。加强项目的规划、组织与控制，科学设定项目目标任务，合理配置项目资源、有效控制项目进度，保障项目顺利实施。

2. 完善团队学习机制，积极促进团队探索式学习

首先，要积极营造使团队成员感到安全的团队氛围。给予团队成员足够的信任及一定的自由度，提高团队成员的心理安全感。互相信任、互相尊重的团队氛围可以促使团队成员敢于去做富有挑战的创新性工作，在工作中大胆地提出问题或意见。团队领导应带领团队成员针对问题或意见共同进行探索性研究，寻找能够解决问题、实现改善的有效办法。要积极鼓励团队成员对未知领域的知识和技术进行学习和探索，进一步增强团队探索式学习。

其次，为团队成员提供充足资源，为团队学习提供保障。项目团队配备充足的黑带大师、黑带或绿带等人员编制。一般来说，六西格玛团队中的黑带大师、黑带或绿带等人员会拥有更加丰富的六西格玛知识储备和六西格玛实践经验，能够更好地把握全局，带领团队成员以更高的水准实施质量改进方法、完成项目目标。在企业中创建详尽、高效且可利用的知识管理系统或资源数据库。企业的数据库和知识管理系统能够详细地记载项目的历史信息和知识细节，能够在六西格玛项目团队需要时为其提供数据参考和咨询服务，方便团队学习的进行。

最后，促进六西格玛项目的团队学习，尤其是探索性学习。培养团队成员基于现有知识和资源探索、创造新知识、新技能的能力。在已有知识或研究结果的基础上，定期组织头脑风暴大会或开展团队建设活动，发散思维，将细致的观察和分析与创新的方法紧密结合，以期获取新信息或新想法。同时，保持

对新知识的高度敏锐，自觉搜集并整理新的知识，进而对未知领域的知识和技术进行有效的开发、创造。通过这些措施，促进团队成员的探索性学习行为，从而有效提高项目绩效。

3. 基于六西格玛项目的特征，优化相关因素的投入与保障

当项目具有高不确定性时，可以有针对性地加强社会因素的保障，例如，强化领导支持、帮助项目成员创造安全的心理环境、增强心理安全感、搭建更方便的知识共享平台、激发项目成员的工作积极性等。加强跨部门合作，来自不同部门具有不同专业知识和技能的项目成员集思广益，能有效地确定项目中相关变量之间因果关系，寻找最优方案，从而提高项目绩效。而技术因素在项目具有高不确定性时，对项目绩效的提升作用并不显著，因此，对于高不确定项目，不需要在技术因素上过多投入。

当项目的复杂性比较高时，同样要加强领导的支持与参与，以进一步保障项目所需的资源，协调跨部门合作。另外，应当加强六西格玛系统架构的建设并完善项目管理机制，做好项目的选择跟踪和评估工作。黑带大师、黑带通过定期开会审查项目方案，关注项目的具体方案，及时了解项目需求，重视DMAIC结构化方法的使用，为项目顺利开展做好保障。

4. 强化知识创造机制，促进六西格玛项目过程中的知识创造与共享

六西格玛项目的本质是一个知识创造的过程。企业在实施六西格玛管理的时候，应充分重视通过DMAIC阶段的一系列活动来创造、获取和转移知识。

首先，加强项目团队成员与顾客、供应商、行业伙伴之间的交流与互动。要经常组织项目团队成员之间，项目团队和相关顾客（内部顾客和外部顾客）之间进行讨论，与企业外部竞争者进行正式或非正式的会谈；同时也要经常从销售、生产或者研发等核心部门收集信息，与供应商、客户等分享经验等。

其次，通过培训、头脑风暴等方式促进知识在成员之间广泛共享。随着成员之间的知识交流，相互反复激发、评价、修正，逐渐形成新的知识。项目团队成员通过知识创造实践产生关于过程改进的新知识，有助于项目团队成员找到问题的根源，并产生解决方案，从而有助于六西格玛项目的成功。

最后，要强化六西格玛项目中显性知识的共享机制。鼓励项目成员用量化

的方法对六西格玛项目数据进行分析，同时建立与六西格玛改进过程有关的数据库。对达到目标的项目进行文件化，保存六西格玛项目的相关档案，实现闭环评价和知识管理的过程。将获得的实践经验和教训进行管理，以便识别新的机会，包括与企业相关部门、类似过程以及顾客、供应商、社会等利益相关方分享项目的知识成果，进而使项目的成果倍增，实现六西格玛项目知识资产的确认、积累和分享。

第四节　研究局限与展望

一、研究的局限性

本书基于团队学习、情境理论、知识创造等理论视角，在梳理国内外相关研究的基础上，运用扎根理论的方法构建了六西格玛项目绩效影响因素的理论模型，并运用调查问卷法进行了实证研究，研究成果具有较强的理论贡献和实践指导价值。然而，受限于主客观多种因素的影响，本书的内容还存在一定的局限性，后续研究需要进一步完善。

第一，研究数据与样本局限性。尽管本书花费了大量的时间和精力进行深度访谈与问卷调查，但由于时间、技术和资源的约束，只能集中在少数行业中某几个实施六西格玛管理的制造业企业，样本抽样的随机性存在一定的瑕疵，这可能在一定程度上降低了样本的代表性。虽然所获得的访谈数据与有效问卷数量基本满足样本量的要求，但依然存在数据与样本量不够充足的问题。特别是扎根研究中要求采用无结构式的深度访谈，该种访谈在访谈过程中没有问卷和固定的程序，对研究者要求非常高。在研究过程中，还存在经验不足、分析过程带有主观性等问题。

第二，理论模型的局限性。在模型方面，为了避免模型复杂、变量数量较多给实证研究带来的困难，本书将质化研究得出的总体理论框架，分成了三个理论模型分别进行实证研究，这虽然在某种程度上强化了模型中的不同理论视角，但在某种程度上弱化了总体理论框架的整体性。在实证研究一（第四章）中，只选择了一个中介变量团队学习进行了研究，并且在技术层面和社会层面各选取了一个六西格玛项目影响要素（资源保障和心理安全感），而没有将其他通过团队学习影响项目绩效的因素列入研究范围之内。在实证研究三（第六章）中，只重点研究了知识创造对项目绩效的影响，未将知识创造的前因变量纳入理论模型，对六西格玛过程中知识创造本身缺乏深入和系统的研究。

二、未来研究展望

未来可在以下三个方面进行深入研究：

第一，综合组织和项目两个层次，进行跨层次的研究。除了遵从 Flynn 等（1999）对质量管理实践的经典分类，从技术层面和社会层面对六西格玛项目绩效影响因素进行分类外，未来的研究还可以从组织、项目两个层面将影响因素进行分类，考虑不同的组织特性，如组织文化、组织架构、战略定位、组织环境等因素，通过构建跨层次的理论模型，应用跨层次分析方法，同时探讨组织层面与项目层面的因素对项目绩效的影响。

第二，聚焦六西格玛团队学习风格，研究与 DMAIC 各阶段匹配的学习风格。本书虽然对六西格玛项目中的团队学习进行了较为深入的分析，但未能对项目过程中团队学习的变化机制进行研究。未来可以引入适当的学习风格或者学习偏好分类，制定六西格玛项目团队成员学习风格量表，对团队成员的学习风格进行测量，结合 DMAIC 不同阶段所需的学习风格的变化，进一步探究与各阶段相适应的团队学习风格匹配策略。

第三，对六西格玛项目中知识创造进行更为深入的探究。由于在六西格玛项目 DMAIC 过程中，团队学习行为和由此产生的知识创造过程是动态变化的，因此，在后续的研究中，可以引入知识创造机制的前因变量，构建相应动态仿真模型，定量分析项目过程中知识的动态变化过程。

参考文献

[1] Abdullah R, Keshavlall M, Tatsuo K. Supplier development framework in the Malaysia automotive industry: Proton's experience [J]. International Journal of Economics and Management, 2008, 2 (1): 29-58.

[2] Allen T T. Introduction to Engineering Statistics and Lean Sigma: Statistical Quality Control and Design of Experiments and Systems [M]. Columbus, Ohio: Springer, 2011.

[3] Amabile T M, Gryskiewicz N D. The creative environment scales: Work environment inventory [J]. Creativity Research Journal, 1989, 2 (4): 231-253.

[4] Anand G, Ward P T, Tatikonda M V. Role of explicit and tacit knowledge in Six Sigma projects: An empirical examination of differential project success [J]. Journal of Operations Management, 2010, 28 (4): 303-315.

[5] Andres H P, Shipps B P. Team learning in technology-mediated distributed teams [J]. Journal of Information Systems Education, 2010, 21 (Summer): 213-221.

[6] Antony J, Banuelas R. Key ingredients for the effective implementation of Six Sigma program [J]. Measuring Business Excellence, 2002, 6 (4): 20-27.

[7] Antony J, Downey-Ennis K, Antony F, et al. Can Six Sigma be the "cure" for our "ailing" NHS? [J]. Leadership in Health Services, 2007, 20 (4): 242-253.

［8］Argote L. Micro Foundation of Organizational Learning：Group Learning ［A］//Organizational Learning ［C］. Boston：Springer, 2013：115-146.

［9］Argyris C, Schön D A. Organizational Learning：A Theory of Action Perspective ［M］. Massachusetts：Addison-Wesley, 1980.

［10］Arikan A T. Interfirm knowledge exchanges and the knowledge creation capability of clusters ［J］. Academy of Management Review, 2016, 34（4）：658-676.

［11］Arthur J. Lean Six Sigma Demystified ［M］. New York：Mc Graw Hill, 2010.

［12］Arumugam V, Antony J, Kumar M. Linking learning and knowledge creation to project success in Six Sigma projects：An empirical investigation ［J］. International Journal of Production Economics, 2013, 141（1）：388-402.

［13］Aslesen H W, Isaksen A. New perspectives on knowledge-intensive services and innovation ［J］. Geografiska Annaler：Series B, Human Geography, 2007, 89（1）：45 - 58.

［14］Baccarini D. The concept of project complexity：A review ［J］. International Journal of Project Management, 2006, 14（4）：201-204.

［15］Badaracco, J. L., Jr. The Boundaries of the Firm ［A］// P. R. Lawrence, A. Etzione（Eds.）, Socio-Economics：Toward a New Synthesis ［C］. Armonk, NY：M. E. Sharpe, 1991.

［16］Bagozzi R P, Yi Y. On the evaluation of structural equation models ［J］. Journal of the Academy of Marketing Science, 1988, 16（1）：74-94.

［17］Bain P G, Mann L, Pirola-Merlo A. The innovation imperative：The relationships between team climate, innovation, and performance in research and development teams ［J］. Small Group Research, 2001, 32（1）：55-73.

［18］Barbosa G F, Carvalho J D. Deployment of a laser projection solution for stripes plotting based on six sigma dmaic methodology applied to aircraft painting shop ［J］. Production & Manufacturing Research, 2014, 2（1）：697-711.

[19] Barker M, Neailey K. From individual learning to project team learning and innovation: A structured approach [J]. Journal of Workplace Learning, 1999, 11 (2): 60-67.

[20] Baron R M, Kenny D A. The moderator – mediator variable distinction in social psychological research: Conceptual, strategic, and statistical considerations [J]. Journal of Personality and Social Psychology, 1986, 51 (6): 1173.

[21] Barton P E. Training to Be Competitive: Developing the Skills and Knowledge of the Workforce [R]. ETS Policy Information Center Report, 1993.

[22] Basu R. Six – Sigma to operational excellence: Role of tools and techniques [J]. International Journal of Six Sigma and Competitive Advantage, 2004, 1 (1): 44-64.

[23] Becerra – Fernandez I, Sabherwal R. Organization knowledge management: A contingency perspective [J]. Journal of Management Information Systems, 2014, 18 (1): 23-55.

[24] Beekman A C, Woerdenbag H J, van Uden W, et al. Structure-Cytotoxicity Relationships of Some Helenanolide-Type Sesquiterpene Lactones [J]. Journal of Natural Products, 1997, 60 (3): 252-257.

[25] Blakeslee Jr J A. Implementing the six – sigma solution how to achieve quantum leaps in quality and competitiveness [J]. Quality Progress, 2002, 2 (2).

[26] Blalock S J, Currey S S, Devellis R F, et al. Effects of educational materials concerning osteoporosis on women's knowledge, beliefs, and behavior [J]. American Journal of Health Promotion Ajhp, 2000, 14 (3): 161.

[27] Blumentritt T. Does small and mature have to mean dull? Defying the ho-hum at SMEs [J]. Journal of Business Strategy, 2004, 25 (1): 27-33.

[28] Bresman H, Zellmerbruhn M E. The Structural Context of Team Learning: Effects of Organizational and Team Structure on Internal and External Learning [J]. Organization Science, 2013, 24 (4): 1120-1139.

［29］Breyfogle Ⅲ F W. Implementing six sigma：Smarter solutions using statistical methods ［M］. Taxes：John Wiley & Sons，2003.

［30］Bunderson J S, Sutcliffe K M. Management team learning orientation and business unit performance ［J］. Journal of Applied Psychology，2003，88（3）：52-60.

［31］Chakravorty S S. Six sigma programs：An implementation model ［J］. International Journal of Production Economics，2009，119（1）：1-16.

［32］Choo A S, Linderman K W, Schroeder R G. Method and psychological effects on learning behaviors and knowledge creation in quality improvement projects ［J］. Management Science，2007，53（3）：437-450.

［33］Choo A S. Impact of a stretch strategy on knowledge creation in quality improvement projects ［J］. IEEE Transactions on Engineering Management，2013，58（1）：87-96.

［34］Connie M B. The Certified Quality Engineer Handbook ［M］. Milwaukee：ASQ Quality Press，2008.

［35］Constant D, Sproull L, Kiesler S. The kindness of strangers：The usefulness of electronic weak ties for technical advice ［J］. Organization Science，1996，7（2）：119-135.

［36］Dahlgaard J, Dahlgaard-Park S. Lean production，six sigma quality，TQM and company culture ［J］. The TQM Magazine，2006，18（3）：263-281.

［37］de Long D W, Fahey L. Diagnosing cultural barriers to knowledge management ［J］. Academy of Management Perspectives，2000，14（4）：113-127.

［38］Deming W E. The Deming Management Method ［M］. Perigee，1986.

［39］Dijk B V, René Den Hertog, Thurik M R. Some new evidence on the determinants of large- and small-firm innovation ［J］. Small Business Economics，1997，9（4）：335-343.

［40］Domingo R T. Quality means survival ：Caveat vendidor，let the seller beware ［M］. Singapore ：Prentice Hall，1997.

［41］Dooley K, Anderson J, Liu X H. Process Quality Knowledge Bases ［J］. Journal of Quality Management, 2000, 4 （2）: 207-224.

［42］Earley P C, Laubach M. Structural Identity Theory and the Dynamics of Cross-Cultural Work Groups. ［M］. The Blackwell Handbook of Cross-Cultural Management, 2002.

［43］Edmondson A C, Dillon J R, Roloff K S. 6 three perspectives on team learning: Outcome improvement, task Mastery, and group process ［J］. The Academy of Management Annals, 2007, 1 （1）: 269-314.

［44］Edmondson A C, Winslow A B, Bohmer R M J, et al. Learning how and learning what: Effects of tacit and codified knowledge on performance improvement following technology adoption ［J］. Decision Sciences, 2003, 34 （2）: 197-224.

［45］Edmondson A C. Psychological safety and learning behavior in work teams ［J］. Administrative Science Quarterly, 1999, 44 （2）: 350-383.

［46］Ellis A P J, Hollenbeck J R, Ilgen D R, et al. Team learning: Collectively connecting the dots ［J］. Journal of Applied Psychology, 2003, 88 （5）: 821-835.

［47］Flynn B B, Schroeder R G, Sakakibara S. A framework for quality management research and an associated measurement instrument ［J］. Journal of Operations Management, 1994, 11 （4）: 339-366.

［48］Fraser K, Hvolby H H. Effective teamworking: Can functional flexibility act as an enhancing factor? An Australian case study ［J］. Team Performance Management: An International Journal, 2010, 16 （1/2）: 74-94.

［49］Gadenne D, Sharma B. An investigation of the hard and soft quality management factors of Australian SMEs and their association with firm performance ［J］. International Journal of Quality & Reliability Management, 2009, 26 （9）: 865-880.

［50］Gibson C, Vermeulen F. A healthy divide: Subgroups as a stimulus for team learning behavior ［J］. Administrative Science Quarterly, 2003, 48 （2）:

202-239.

[51] Ginn D, Varner E. The Design for Six SIGMA Memory Jogger: Tools and Methods for Robust Processes and Products [M]. Salem: Goal/QPC, 2011.

[52] Goh T N. A strategic assessment of Six Sigma [J]. Quality and Reliability Engineering International, 2002, 18 (5): 403-410.

[53] Goldstein M D. Six Sigma program success factors [J]. Six Sigma Forum Magazine, 2002, 1 (1): 36-45.

[54] Gray P H. A problem – solving perspective on knowledge management practices [J]. Decision Support Systems, 2001, 31 (1): 87-102.

[55] Guerras-Martin L A, Ronda-Pupo G A. Strategic management journal [J]. Strategic Management Journal, 2001, 22 (6-7): 565-586.

[56] Gupta A K, Govindarajan V. Knowledge flows within multinational corporations [J]. Strategic Management Journal, 2000, 21 (4): 473-496.

[57] Hansen M T, Nohria N, Tierney T. What's your strategy for managing knowledge [J]. The Knowledge Management Yearbook 2000 – 2001, 1999, 77 (2): 106-116.

[58] Hansen W F, Ferguson K J, Sipe C S, et al. Attitudes of faculty and students toward case – based learning in the third – year obstetrics and gynecology clerkship [J]. American Journal of Obstetrics and Gynecology, 2005, 192 (2): 644-647.

[59] Harry M, Schroeder R. Six Sigma: The breakthrough management strategy revolutionizing the world's top corporations [J]. Quality Management Journal, 2000, 7 (3): 82-83.

[60] Henderson K M, Evans J R. Successful implementation of Six Sigma: Benchmarking general electric company [J]. Benchmarking: An International Journal, 2000, 7 (4): 260-282.

[61] Henderson R G. Six Sigma Quality Improvement with Minitab [M]. New York: John Wiley & Sons, 2011.

［62］Hoegl M, Gemuenden H G. Teamwork quality and the success of innovative projects: A theoretical concept and empirical evidence ［J］. Organization Science, 2001, 12 (4): 435-449.

［63］Holtshouse, D K. Probing the Limits of Knowledge Creation ［J］. Knowledge Management Review, 1998, 1 (5): 8-9.

［64］Inkpen A C, Dinur A . Knowledge Management Processes and International Joint Ventures ［J］. Organization Science, 1998, 9 (4): 454-468.

［65］Islam M Z, Doshi J A, Mahtab H, et al. Team learning, top management support and new product development success ［J］. International Journal of Managing Projects in Business, 2009, 2 (2): 238-260.

［66］Ismyrlis V, Moschidis O. The use of quality management systems, tools, and techniques in ISO 9001: 2008 certified companies with multidimensional statistics: the Greek case ［J］. Total Quality Management & Business Excellence, 2013, 26 (5-6): 497-514.

［67］James L R, Demaree R G, Wolf G. Estimating within-group interrater reliability with and without response bias ［J］. Journal of Applied Psychology, 1984, 69 (1): 85.

［68］Javier Lloréns-Montes F, Molina L M. Six Sigma and management theory: Processes, content and effectiveness ［J］. Total Quality Management and Business Excellence, 2006, 17 (4): 485-506.

［69］Jensen R J, Szulanski G. Template use and the effectiveness of knowledge transfer ［J］. Management Science, 2007, 53 (11): 1716-1730.

［70］Jeyaraman K, Kee Teo L. A conceptual framework for critical success factors of lean Six Sigma: Implementation on the performance of electronic manufacturing service industry ［J］. International Journal of Lean Six Sigma, 2010, 1 (3): 191-215.

［71］Johannessen J, Olaisen J, Johannessen J, et al. Managing and organizing innovation in the knowledge economy ［J］. European Journal of Innovation Management, 1999, 2 (3): 116-128.

[72] Johnson W H A. Assessing organizational knowledge creation theory in collaborative R&D projects [J]. International Journal of Innovation Management, 2002, 6 (4): 387-418.

[73] Jules C. Diversity of member composition and team learning in organizations [D]. Case Western Reserve University, 2007.

[74] Kahn W A. Psychological conditions of personal engagement and disengagement at work [J]. Academy of Management Journal, 1990, 33 (4): 692-724.

[75] Keller P A. Six Sigma Demystified: A Self-teaching Guide [M]. New York: Mc Graw-Hill, 2010.

[76] Knott M J. Toward a model and measure of self-perception of team learning beliefs and behaviors in a sample of undergraduate business students [D]. The George Washington University, 2009.

[77] Koskinen K. Tacit knowledge as a promoter of project success [J]. European Journal of Purchasing & Supply Management, 2000, 6 (1): 41-47.

[78] Kwak Y H, Anbari F T. Benefits, obstacles, and future of six sigma approach [J]. Technovation, 2006, 26 (5-6): 708-715.

[79] Latino R J, Latino K C, Latino M A. Root Cause Analysis: Improving Performance for Bottom-Line Results, Fourth ed [M]. Boca Raton, FL: CRC Press, 2011.

[80] Lee H, Choi B. Knowledge management enablers, processes, and organizational performance: An integrative view and empirical examination [J]. Journal of Management Information Systems, 2003, 20 (1): 179-228.

[81] Lee K C, Choi B. Six Sigma management activities and their influence on corporate competitiveness [J]. Total Quality Management & Business Excellence, 2006, 17 (7): 893-911.

[82] Lee K L. Critical Success Factors of Six Sigma Implementation and the

Impact on Operations Performance [D]. Cleveland: Cleveland State University, 2002.

[83] Leu J D, Lee L J H. Enterprise resource planning (ERP) implementation using the value engineering methodology and Six Sigma tools [J]. Enterprise Information Systems, 2017, 11 (8): 1243-1261.

[84] Levinthal D A, March J G. The myopia of learning [J]. Strategic Management Journal, 1993, 14 (S2): 95-112.

[85] Lin C, Wu C. Case study of knowledge creation contributed by ISO 9001: 2000 [J]. International Journal of Technology Management, 2007, 37 (1/2): 193.

[86] Linderman A, Pesut D, Disch J. Sense making and knowledge transfer: Capturing the knowledge and wisdom of nursing leaders [J]. Journal of Professional Nursing, 2015, 31 (4): 290-297.

[87] Linderman K, Schroeder R G, Sanders J. A knowledge framework underlying process management [J]. Decision Sciences, 2010, 41 (4): 689-719.

[88] Linderman K, Schroeder R G, Zaheer S, et al. Integrating quality management practices with knowledge creation processes [J]. Journal of Operations Management, 2004, 22 (6): 589-607.

[89] Linderman K, Schroeder R G, Zaheer S, et al. Integrating quality management practices with knowledge creation processes [J]. Journal of Operations Management, 2004, 22 (6): 589-607.

[90] Li Y H, Huang J W, Tsai M T. Entrepreneurial orientation and firm performance: The role of knowledge creation process [J]. Industrial Marketing Management, 2009, 38 (4): 440-449.

[91] Lynne A S. Proactive adaptation in ERP teams: Mechanisms of team learning [D]. The Claremont Graduate University, 2000.

[92] Ma ConcepciónLópez-Fernández, Serrano-Bedia A M, Gema García-Piqueres. Exploring determinants of company - university R&D collaboration in Spain: A contrast between manufacturing and service sectors [J]. Journal of Manu-

facturing Technology Management, 2008, 19 (3): 361-373.

[93] Magnusson K., Kroslid D, Bergman B. Six sigma: The pragmatic approach [M]. Studentlitteratur, 2003: 478.

[94] Maisel E, Maisel A. Brainstorm: Harnessing the Power of Productive [M]. Novato, California: New World Library, 2010.

[95] March J G. Exploration and exploitation in organizational learning [J]. Organization Science, 1991, 2 (1): 71-87.

[96] Masuda A, Kostopoulos K. Diversity and innovative performance in teams: The role of conflict - management styles, team and leadership identity [EB/OL]. 2013.

[97] Matell M S, Jacoby J. Is there an optimal number of alternatives for likert-scale items? effects of testing time and scale properties [J]. Journal of Applied Psychology, 1972, 56 (6): 506-509.

[98] Maurer M, Brandic I, Emeakaroha V C, et al. Towards Knowledge Management in Self-Adaptable Clouds [C]. World Congress on Services. IEEE, 2010.

[99] Miller N R, Kiel S M, Green W R, et al. Unilateral Duane's Retraction Syndrome (Type 1) [J]. Archives of Ophthalmology, 1982, 100 (9): 1468-72.

[100] Mithas S, Tafti A R, Bardhan I, et al. Information technology and firm profitability: mechanisms and empirical evidence [J]. Mis Quarterly, 2012, 36 (1): 205-224.

[101] Molina L M, Lloréns-Montes J, Ruiz-Moreno A. Relationship between quality management practices and knowledge transfer [J]. Journal of Operations Management, 2007, 25 (3): 682-701.

[102] Mukherjee A S, Lapré M A, van Wassenhove L N. Knowledge driven quality improvement [J]. Management Science, 1998, 44 (11): 35-49.

[103] Nair A, Malhotra M K, Ahire S L. Toward a theory of managing context in Six Sigma process-improvement projects: An action research investigation [J]. Journal of Operations Management, 2011, 29 (5): 529-548.

[104] Nair A. Meta-analysis of the relationship between quality management practices and firm performance—implications for quality management theory development [J]. Journal of Operations Management, 2006, 24 (6): 948-975.

[105] Nonaka I, Konno N. The concept of "Ba": Building a foundation for knowledge creation [J]. Calif. Manag. Rev. , 1998, 40 (3): 40-54.

[106] NonakaI, Takeuchi H . The knowledge-creating company: How Japanese companies create the dynamics of innovation [J] Long Range Planning, 1996, 29 (4): 1.

[107] Nonaka I, Toyama R, Konno N. SECI, Ba and Leadership: A Unified Model of Dynamic Knowledge Creation [J]. Long Range Planning, 2000, 33 (1): 5-34.

[108] Nonaka I. A dynamic theory of organizational knowledge creation [J]. Organization Science, 1994, 5 (1): 14-37.

[109] Nonaka I. The knowledge-creating company [J]. Harvard Business Review, 1991, 69 (6): 96-104.

[110] Nonoka I, Takeuchi H . The Knowledge-Creating Company [J]. Harvard Business Review, 1991, 69 (2): 96-104.

[111] Offenbeek M V. Processes and outcomes of team learning [J]. European Journal of Work & Organizational Psychology, 2001, 10 (3): 303-307.

[112] Organization for Economic Co-operation and Development. Industrial competitiveness in the knowledge-based economy: The new role of governments [C]. Industrial Competitiveness in the Knowledge-based Economy. Organisation for Economic Co-operation and Development, 1997.

[113] Pande P S, Holpp L. What is six sigma? [M]. New York: McGraw-Hill Professional, 2001.

[114] Pentland B T. Information systems and organizational learning: The social epistemology of organizational knowledge systems [J]. Accounting Management & Information Technologies, 2015 (5): 1-21.

[115] Perminova O, Gustafsson M, Wikström K. Defining uncertainty in projects: A new perspective [J]. International Journal of Project Management, 2008, 26 (1): 73-79.

[116] Pfeffer J. Management as symbolic action: The creation and maintenance of organizational paradigms [J]. Research in Organizational Behavior, 1981, 3 (1): 1-52.

[117] PolanyiM. The Growth of Science in Society [J]. Minerva, 1967, 5 (4): 533-545.

[118] Powell T C. Total quality management as competitive advantage: A review and empirical study [J]. Strategic Management Journal, 1995, 16 (1): 15-37.

[119] Prajogo D I, Sohal A S. Tqm and innovation: A literature review and research framework [J]. Technovation, 2001, 21 (9): 539-558.

[120] Pyzdek T, Keller P. The six sigma handbook [M]. New York: McGraw-Hill Professional, 2009.

[121] Qureshi T M, Warraich A S, Hijazi S T. Significance of project management performance assessment (PMPA) model [J]. International Journal of Project Management, 2009, 27 (4): 378-388.

[122] Rahman S, Bullock P. Soft TQM, hard TQM, and organisational performance relationships: An empirical investigation [J]. Omega, 2005 (33): 73-83.

[123] Ray S, John B. Lean Six-Sigma application in business process outsourced organization [J]. International Journal of Lean Six Sigma, 2011, 2 (4): 371-380.

[124] Sabherwal R, Becerra-Fernandez I. An empirical study of the effect of knowledge management processes at individual, group, and organizational levels [J]. Decision Sciences, 2003, 34 (2): 225-260.

[125] Saraph J V, Benson P G, Schroeder R G. An instrument for measuring the critical factors of quality management [J]. Decision Sciences, 1989, 20 (4):

810-829.

[126] Sarin S, McDermott C. The effect of team leader characteristics on learning, knowledge application, and performance of cross-functional new product development teams [J]. Decision Sciences, 2003, 34 (4): 707-739.

[127] Sauquet A. Conflict and team learning: Multiple case study in three organizations in Spain [D]. Teachers College, Columbia University, 2000.

[128] Scharmer C O. Presencing: Learning From the Future As It Emerges: On the Tacit Dimension of Leading Revolutionary Change [C]. Conference on Knowledge & Innovation, 2000.

[129] Schenkl S A, Schmidt D M, Schockenhoff, et al. Knowledge evaluation for pss providers [J]. Procedia CIRP, 2014 (16): 86-91.

[130] Schroeder R G, Linderman K, Liedtke C, et al. Six Sigma: Definition and underlying theory [J]. Journal of operations Management, 2008, 26 (4): 536-554.

[131] Seirafi K. The Application of Organizational Knowledge [M]. Organizational Epistemology, 2013.

[132] Senge P M. The fifth discipline: The art and practice of the learning organization [J]. Performance Improvement, 2010, 30 (5): 37.

[133] Senge P M. The Fifth Discipline: The Art and Practice of the Learning Organization [M]. New York: Doubleday, 1991.

[134] Sensiper L S. Knowledge and the Firm ‖ The Role of Tacit Knowledge in Group Innovation [J]. California Management Review, 1998, 40 (3): 112-132.

[135] Shan S, Zhao Q, Hua F. Impact of quality management practices on the knowledge creation process: The Chinese aviation firm perspective [J]. Computers & Industrial Engineering, 2013, 64 (1): 211-223.

[136] Siemsen E, Roth A V, Balasubramanian S, et al. The Influence of Psychological Safety and Confidence in Knowledge on Employee Knowledge Sharing [J]. Manufacturing & Service Operations Management, 2009, 11 (3): 429-447.

[137] Smith D, Blakeslee J. Strategic Six Sigma: Best Practices From The Executive Suite [M]. John Wiley & Sons, 2002.

[138] Smith K G, Collins C J, Clark K D. Existing knowledge, knowledge creation capability, and the rate of new product introduction in high-technology firms [J]. Academy of Management Journal, 2005, 48 (2): 346-357.

[139] Smętkowska M, Mrugalska B. Using Six Sigma DMAIC to improve the quality of the production process: A case study [J]. Procedia-Social and Behavioral Sciences, 2018 (238): 590-596.

[140] Snee R D, Hoerl R W. Leading Six Sigma: A Step-by-step Guide Based on Experience with GE and Other Six Sigma Companies [M]. Upper Saddle River: Financial Times Prentice Hall, 2003.

[141] Spender J C. Knowing, managing and learning: A dynamic managerial epistemology [J]. Management Learning, 1994, 25 (3): 387-412.

[142] Stapenhurst, T. An Introduction to Six Sigma [J]. Mastering Statistical Process Control, 2005, 20 (1): 421.

[143] Stempfle J, Badke-Schaub P. Thinking in design teams-an analysis of team communication [J]. Design Studies, 2002, 23 (5): 473-496.

[144] Sveiby K E. Disabling the context for knowledge work: The role of managers' behaviors [J]. Management Decision, 2007, 45 (10): 1636-1655.

[145] Sveiby K E. The new organizational wealth: Managing & measuring knowledge-based assets [M]. San Francisco: Berrett-Koehler Publishers, 1997.

[146] Tiwana A. An empirical study of the effect of knowledge integration on software development performance [J]. Information & Software Technology, 2004, 46 (13): 899-906.

[147] Tucker A L. An empirical study of system improvement by front line employees in hospital units [J]. Manufacturing and Service Operations Management, 2016, 9 (4): 492-505.

[148] van der Vegt G S, Bunderson J S. Learning and performance in multi-

disciplinary teams: The importance of collective team identification [J]. Academy of management Journal, 2005, 48 (3): 532-547.

[149] van Woerkom M, Croon M. The relationships between team learning activities and team performance [J]. Personnel Review, 2009, 38 (5): 560-577.

[150] Wagner H R. The discovery of grounded theory: strategies for qualitative research [A] //Barney G Glaser, Anselm L Strauss. Social Forces [M]. Chicago: Aldine Publishing Company, 1968, 46 (4): 555.

[151] Weick K E, Roberts K H. Collective mind in organizations: Heedful interrelating on flight decks [J]. Administrative Science Quarterly, 1993: 357-381.

[152] Wilson J M, Goodman P S, Cronin M A. Group learning [J]. Academy of Management Review, 2007, 32 (4): 1041-1059.

[153] Wong S. Distal and local group learning: Performance trade-offs and tensions [J]. Organization Science, 2004, 15 (6): 645-656.

[154] Yan Z, Fong S, Shi M L. Negotiation Paradigms Based on Knowledge Bead's Methodology [C]. IEEE/WIC International Conference on Web Intelligence, 2003.

[155] Yu H, Chu S S, Yang D C. Autonomous Knowledge-Oriented Clustering Using Decision-Theoretic Rough Set Theory [M]. Rough Set and Knowledge Technology. Springer Berlin Heidelberg, 2010.

[156] Yu H B, Fang L L, Ling W Q. An empirical study on the construct and effective mechanism of organizational learning [J]. Frontiers of Business Research in China, 2009, 3 (2): 242-270.

[157] Yusof S R M, Aspinwall E. Critical success factors for total quality management implementation in small and medium enterprises [J]. Total Quality Management, 1999, 10 (4-5): 803-809.

[158] Zaccaro S J, Ely K, Shuffler M. The leader's role in group learning [J]. Work Group Learning: Understanding, Improving & Assessing How Groups Learn in Organizations, 2008 (1): 15-44.

[159] Zellmer-Bruhn M, Gibson C. Multinational organization context: Implications for team learning and performance [J]. Academy of Management Journal, 2006, 49 (3): 501-518.

[160] Zhang A, Luo W, Shi Y, et al. Lean and Six Sigma in logistics: A pilot survey study in Singapore [J]. International Journal of Operations & Production Management, 2008, 36 (11): 1625-1643.

[161] Zhang Q, Lim J S, Cao M. Learning and knowledge creation in product development: A LISREL analysis [J]. International Journal of Product Development, 2004, 1 (1): 107-129.

[162] Zollo M, Winter S G. Deliberate learning and the evolution of dynamic capabilities [J]. Organization Science, 2002, 13 (3): 339-351.

[163] Zu X, Fredendall L D, Douglas T J. The evolving theory of quality management: The role of Six Sigma [J]. Journal of Operations Management, 2008, 26 (5): 630-650.

[164] 薄湘平, 方飞, Krabbendam K. 六西格玛关键成功因素探析 [J]. 湖南大学学报 (社会科学版), 2009, 23 (1): 56-60.

[165] 陈国权, 赵慧群, 蒋璐. 团队心理安全、团队学习能力与团队绩效关系的实证研究 [J]. 科学学研究, 2008, 26 (6): 1283-1292.

[166] 陈晓萍, 徐淑英, 樊景立. 组织与管理研究的实证方法 (第2版) [M]. 北京: 北京大学出版社, 2012.

[167] 董静, 苟燕楠, 封洁. 基于不确定性和复杂性的创新项目管理模式研究 [J]. 科研管理, 2006, 27 (3): 103-109.

[168] 奉小斌, 梅胜军. 质量改进团队跨界行为与绩效关系: 团队效能感的中介作用 [J]. 人类工效学, 2013, 19 (3): 35-40.

[169] 奉小斌. 质量改进团队跨界行为及其作用机制研究 [D]. 浙江大学, 2012.

[170] 高章存, 汤书昆. 基于主体和过程二重性的企业学习能力内涵与特征探析 [J]. 科技管理研究, 2008, 28 (5): 23-25.

［171］耿新. 知识创造的 IDE-SECI 模型——对野中郁次郎"自我超越"模型的一个扩展［J］. 南开管理评论，2003，6（5）：11-15.

［172］韩维贺，季绍波. 知识创造过程效果的实证研究——个人和团队层面［J］. 清华大学学报（自然科学版），2006（S1）：942-948.

［173］何清华，罗岚，陆云波. 基于 TO 视角的项目复杂性测度研究［J］. 管理工程学报，2013，27（1）：127-134.

［174］何桢，岳刚，王丽林. 六西格玛管理及其实施［J］. 数理统计与管理，2007，26（6）：1049-1055.

［175］何自力，戈黎华. 论心智模式和企业知识创造［J］. 天津师范大学学报（社会科学版），2008（1）：29-34.

［176］侯杰泰，张雷，温忠麟. 调节效应与中介效应的比较和应用［J］. 心理学报，2005（2）：268-274.

［177］姜鹏，苏秦，党继祥等. 不同类型的质量管理实践与企业绩效影响机制的实证研究［J］. 中国软科学，2009（7）：134-143.

［178］李柏洲，赵健宇，苏屹. 基于能级跃迁的组织学习——知识创造过程动态模型研究［J］. 科学学研究，2013，31（6）：913-922.

［179］李明斐，于晓庆. 知识创造动态模型及其管理研究［C］. 全国青年管理科学与系统科学学术会议，2007.

［180］刘冰峰. 产学合作知识共享研究［D］. 武汉理工大学，2010.

［181］卢小君，李明斐，张蓄. 社会文化对高新技术企业团队学习行为的影响研究［J］. 科技与管理，2010，12（2）：75-79.

［182］马义中，刘欢，岳刚等. 中国制造业实施六西格玛管理的成功关键要素分析［J］. 数理统计与管理，2008（6）：1053-1065.

［183］毛良斌. 团队学习行为对团队有效性的影响［J］. 应用心理学，2010，16（2）：173-179.

［184］莫申江，谢小云. 团队学习、交互记忆系统与团队绩效：基于 IMOI 范式的纵向追踪研究［J］. 心理学报，2009，41（7）：639-648.

［185］齐鑫. 科技型企业知识创造能力研究［D］. 哈尔滨工程大学，2018.

[186] 秦世亮，万威武，朱莉欣. 个人知识和企业知识创造 [J]. 研究与发展管理，2004（1）：55-60.

[187] 曲刚，鲍晓娜，彭姝琳. 项目复杂性和团队社会认同情境下交互记忆对软件外包项目绩效作用研究 [J]. 管理评论，2016，28（10）：181-192.

[188] 任庆涛，王蔷. 知识型企业知识创造的动态模式 [J]. 上海管理科学，2003（6）：9-11.

[189] 沈桂平，任红波. 高新技术企业知识创新机理研究 [J]. 科学学与科学技术管理，2004（10）：47-50.

[190] 宋永涛，苏秦. 质量管理实践、新产品开发能力与新产品开发绩效关系研究 [J]. 科技进步与对策，2016，33（9）：79-85.

[191] 王红丽，彭正龙，李纪强. 创新团队的交互记忆系统影响研究 [J]. 科学管理研究，2011，29（1）：16-20.

[192] 温泽凯. 基于知识创造的技术创新过程模型构建研究 [D]. 天津商业大学，2014.

[193] 吴明隆. SPSS 统计应用实务：问卷分析与应用统计 [M]. 北京：科学出版社，2010.

[194] 吴志明，武欣. 知识团队中变革型领导对组织公民行为的影响 [J]. 科学学研究，2006（2）：125-129.

[195] 熊伟，奉小斌. 基于企业特征变量的质量管理实践与绩效关系的实证研究 [J]. 浙江大学学报（人文社会科学版），2012，42（1）：188-200.

[196] 许劲，周长安. 项目不确定性、参与者关系与项目绩效的实证研究 [J]. 中国管理科学，2013，21（S1）：165-171.

[197] 薛加玉. 企业的知识本质与知识创造 [J]. 现代管理科学，2004（5）：31-32.

[198] 姚威. 产学研合作创新的知识创造过程研究 [D]. 浙江大学，2009.

[199] 张长涛，刘希宋. 企业产品开发人员知识共享机理研究 [J]. 管理科学，2003，16（2）：6-10.

［200］张延禄，杨乃定，郭晓．R&D 网络的自组织演化模型及其仿真研究［J］．管理科学，2012，25（3）：10-20．

［201］赵健宇．知识密集型企业知识创造的自组织演化研究［D］．哈尔滨工程大学，2014．

［202］赵娟，张炜．团队社会网络对团队创造力的影响：团队学习的中介效应［J］．科学学与科学技术管理，2015，36（9）：148-157．

［203］周晓东，项保华．企业知识内部转移：模式、影响因素与机制分析［J］．南开管理评论，2003（5）：7-10．

［204］朱秀梅，姜洋，杜政委等．知识管理过程对新产品开发绩效的影响研究［J］．管理工程学报，2011，25（4）：113-122．

附　录

关于六西格玛项目绩效影响因素研究的调查问卷

尊敬的先生/女士：

您好！本问卷是由北京科技大学东凌经济管理学院六西格玛项目绩效研究组进行的一项学术研究活动。为了解六西格玛关键因素对项目绩效的影响机制，我们开展本次问卷调查活动，您的支持对我们的研究非常重要！答案无对错之分，也不会涉及贵公司的商业机密。所有信息保密，仅供研究之用。请您根据客观情况，在各题对应的数字选项下面打"√"。请不要多选或漏选，以免成为无效问卷。如果您对研究结果感兴趣，请留下您的联系方式，我们将在第一时间把相关研究结果反馈给您。

您的联系方式：＿＿＿＿＿＿＿＿＿＿＿＿＿

再次感谢您的合作！

第一部分　背景访问

下面的问题有"是"和"否"两个选项，例如，如果你很同意该说法，在"是"的位置打对勾即可。

	项　目	是	否
S1	请问您对六西格玛项目是否有一定的了解		
S2	请问贵公司是否实施六西格玛项目		
S3	请问您是否参与公司的六西格玛项目		

如果您对以上三个问题的答案有一项或一项以上选择为"否"，请您直接提交问卷，不必继续回答下面的问题，谢谢您的参与。如果您的三个问题都选择为"是"，请您继续回答下面的调查问题。

第二部分　关于贵公司六西格玛项目的相关问题

P1	请问贵公司的名称是
P2	请问贵公司的企业性质为（国有企业、集体企业、民营企业、外资企业）
P3	请问贵公司所属行业为（制造业、服务业、销售业等）
P4	请问贵公司主营业务包括
P5	请问贵公司的规模大小为（100人以下、100~499人、500~999人、1000人以上）
P6	请问贵公司（何时）开展的六西格玛过程改进项目
P7	请问贵公司实施六西格玛项目所使用的方法为（DMAIC或DFSS或两者都有）
P8	请问您所处团队目前进行的六西格玛过程改进项目名称
P9	请问您目前所处的项目团队中共有（　　）名成员
P10	请问您所处团队目前进行的六西格玛项目共持续了多长时间
P11	请问您目前所参与的六西格玛过程改进项目正处于（　　　　）阶段
P12	请问您在所参与的六西格玛过程改进项目中承担的职责是（黄带、绿带、黑带、黑带大师、倡导者等）

第三部分　六西格玛项目绩效影响因素

编号	请根据贵公司实际情况在右边数字选项下打 "√"							
资源保障		完全不符合→完全符合						
RA1	团队拥有记录项目细节或历史信息的系统和数据库	1	2	3	4	5	6	7
RA2	六西格玛项目需求可以完全获得公司管理层的资源支持	1	2	3	4	5	6	7
RA3	公司有充足的黑带大师和黑带人员编制	1	2	3	4	5	6	7
RA4	公司的知识管理系统可以为项目团队提供参考数据和咨询服务	1	2	3	4	5	6	7
RA5	公司管理层能够帮助项目团队消除项目执行中的障碍	1	2	3	4	5	6	7
领导支持		完全不符合→完全符合						
LS1	高级主管会要求项目组成员定期汇报方案的进度	1	2	3	4	5	6	7
LS2	可以去找高级主管请求及其协助项目组方案遇到的问题	1	2	3	4	5	6	7
LS3	高级主管会要求并监督部门执行项目方案	1	2	3	4	5	6	7
LS4	高级主管会要求部门定期提报方案进度情况	1	2	3	4	5	6	7
LS5	高级主管会指定部门特定方案	1	2	3	4	5	6	7
心理安全感		完全不符合→完全符合						
PS1	团队成员能够公开地提出问题及自己的看法	1	2	3	4	5	6	7
PS2	团队成员能够接受彼此的差异	1	2	3	4	5	6	7
PS3	在这个团队中承担挑战性的任务是受鼓励的	1	2	3	4	5	6	7
PS4	团队成员不会担心表达真实想法	1	2	3	4	5	6	7
PS5	在这个团队中，没有人会故意诋毁、破坏其他成员的努力	1	2	3	4	5	6	7
跨部门合作		完全不符合→完全符合						
KS1	项目进行中，部门之间乐意提供相关资源、知识给其他其他参考	1	2	3	4	5	6	7
KS2	遇到问题时，部门之间总是相互讨论以共同寻求解决方案	1	2	3	4	5	6	7
KS3	团队成员很愿意接受和专业背景不同的知识	1	2	3	4	5	6	7
KS4	只要与项目相关的活动，不同部门成员都会很乐意地参与	1	2	3	4	5	6	7
KS5	不同部门的团队成员都会设身处地地提供知识给其他成员	1	2	3	4	5	6	7
资源保障		完全不符合→完全符合						
RA1	团队拥有记录项目细节或历史信息的系统和数据库	1	2	3	4	5	6	7
RA2	六西格玛项目需求可以完全获得公司管理层的资源支持	1	2	3	4	5	6	7

	资源保障	完全不符合→完全符合						
RA3	公司有充足的黑带大师和黑带人员编制	1	2	3	4	5	6	7
RA4	公司的知识管理系统可以为项目团队提供参考数据和咨询服务	1	2	3	4	5	6	7
RA5	公司管理层能够帮助项目团队消除项目执行中的障碍	1	2	3	4	5	6	7
	结构化方法的使用	完全不符合→完全符合						
SM1	项目严格遵循 DMAIC 步骤的顺序	1	2	3	4	5	6	7
SM2	团队认为遵循 DMAIC 步骤很重要	1	2	3	4	5	6	7
SM3	DMAIC 的每一步都忠实地完成了	1	2	3	4	5	6	7
	项目管理机制	完全不符合→完全符合						
PM1	具有一套系统的六西格玛项目的选择流程	1	2	3	4	5	6	7
PM2	具有解决六西格玛项目问题的团队组建程序	1	2	3	4	5	6	7
PM3	根据组织战略/顾客反馈和抱怨/合理化建议确定改进机会	1	2	3	4	5	6	7
PM4	具有一套有效的项目跟进程序，以了解项目的完成进度并加以督促	1	2	3	4	5	6	7
PM5	建立了一套明确、客观、合理的项目成果评价体系	1	2	3	4	5	6	7

第四部分　六西格玛项目中的团队学习

编号	请根据贵公司实际情况在右边数字选项下打"√"							
	利用式学习	完全不符合→完全符合						
KW1	项目团队会从团队以外的行业伙伴那里收集信息	1	2	3	4	5	6	7
KW2	项目团队会和顾客及供应商讨论项目的过程	1	2	3	4	5	6	7
KW3	项目团队会和具有相同六西格玛项目经验的人沟通	1	2	3	4	5	6	7
KW4	项目团队会对过程的理解进行不断的反思与总结	1	2	3	4	5	6	7
KW5	项目团队会运用已有的知识与技术进行过程与业务改进	1	2	3	4	5	6	7
	探索式学习	完全不符合→完全符合						
KH1	项目团队可以有效地对新知识进行搜集，对新知识敏感性高	1	2	3	4	5	6	7
KH2	项目团队对未知领域的知识和技术进行有效的开发、创造	1	2	3	4	5	6	7
KH3	项目团队运用创新方法，进行观察、分析，来获取新信息和新想法	1	2	3	4	5	6	7
KH4	项目团队能够找出影响因变量的相关自变量及其关系	1	2	3	4	5	6	7

第五部分　六西格玛项目特征

编号	请根据贵公司实际情况在右边数字选项下打"√"							
	项目不确定性	完全不符合→完全符合						
UP1	项目的预测变量和响应变量关系是清晰的	1	2	3	4	5	6	7
UP2	测量的指标是清晰的	1	2	3	4	5	6	7
UP3	有足够的关于该项目技术的确定信息	1	2	3	4	5	6	7
UP4	该项目所需要的技术能够很好地理解和描述	1	2	3	4	5	6	7
UP5	该项目中的技术能够被正确执行	1	2	3	4	5	6	7
	项目复杂性	完全不符合→完全符合						
CP1	您所参与的项目对于资源的需求与保障要求很高	1	2	3	4	5	6	7
CP2	您所参与的项目要求不同领域的专业知识和技能	1	2	3	4	5	6	7
CP3	您所参与的项目涉及多个部门与流程	1	2	3	4	5	6	7
CP4	您所参与的项目缺乏类似的项目可参考	1	2	3	4	5	6	7

第六部分　六西格玛项目中的知识创造

编号	请根据贵公司实际情况在右边数字选项下打"√"							
	外部化（隐性—显性）	完全不符合→完全符合						
EXT1	通过六西格玛项目相关文档将隐含的项目目标正式化	1	2	3	4	5	6	7
EXT2	正式和系统地列出隐含的客户要求	1	2	3	4	5	6	7
EXT3	将顾客的主观要求转换为客观要求	1	2	3	4	5	6	7
EXT4	将顾客的隐性要求链接到特定的过程特性上	1	2	3	4	5	6	7
EXT5	在数据库中记录六西格玛项目相关的改进建议	1	2	3	4	5	6	7
EXT6	项目团队成员之间定期交流，且鼓励组员使用归纳、演绎等方法来思考问题	1	2	3	4	5	6	7
	组合化（显性—显性）	完全不符合→完全符合						
COM1	用量化的方法对六西格玛项目的数值数据进行分析	1	2	3	4	5	6	7
COM2	记录和收集六西格玛项目数据和技术信息以供将来参考	1	2	3	4	5	6	7
COM3	用已完成的六西格玛项目的报告作为当前项目的参考	1	2	3	4	5	6	7
COM4	将六西格玛项目的结果正式编写为标准的操作程序	1	2	3	4	5	6	7

续表

组合化（显性—显性）		完全不符合→完全符合						
COM5	用各种公开文献资料及相关方法制定六西格玛项目策略	1	2	3	4	5	6	7
COM6	建立与六西格玛改进过程有关的数据库	1	2	3	4	5	6	7
社会化（隐性—隐性）		完全不符合→完全符合						
SOC1	项目团队成员之间的讨论	1	2	3	4	5	6	7
SOC2	项目团队和相关顾客（内部顾客和外部顾客）之间的讨论	1	2	3	4	5	6	7
SOC3	项目团队经常从销售、生产或者研发等核心部门收集信息	1	2	3	4	5	6	7
SOC4	项目团队经常与供应商、客户、外部专家等分享经验	1	2	3	4	5	6	7
SOC5	项目团队经常与企业外部竞争者进行正式或非正式会谈	1	2	3	4	5	6	7
SOC6	项目团队经常组织团队成员在组织内部和外部"走动"学习，发现新的战略和改进机会	1	2	3	4	5	6	7
内部化（显性—隐性）		完全不符合→完全符合						
INT1	六西格玛项目过程改进中用已完成的报告和图表进行讨论	1	2	3	4	5	6	7
INT2	基于已完成的六西格玛项目培训来提升团队成员的能力	1	2	3	4	5	6	7
INT3	积极促进不同职能部门间的沟通与联络	1	2	3	4	5	6	7
INT4	团队成员之间不断搜寻和分享新的观点和技能	1	2	3	4	5	6	7
INT5	项目团队成员基于六西格玛项目的实施了解企业战略	1	2	3	4	5	6	7
知识		完全不符合→完全符合						
KNO1	开展活动时，团队产生了许多想法	1	2	3	4	5	6	7
KNO2	在项目中找到的解决方式对于公司而言显然是独特的且创新的	1	2	3	4	5	6	7
KNO3	团队在自己专长的领域内拓展了知识或技术	1	2	3	4	5	6	7
KNO4	团队经常提出富有原创性且实用的解决方式	1	2	3	4	5	6	7
KNO5	团队致力于创造性的问题解决方法和试验，以确定新的改进策略	1	2	3	4	5	6	7
KNO6	六西格玛活动致力于将知识转化为一个可行的实施方案	1	2	3	4	5	6	7
KNO7	进行六西格玛增强了项目团队的团队能力和知识	1	2	3	4	5	6	7

第七部分　项目绩效

编号	请根据贵公司实际情况在右边数字选项下打"√"							
	项目绩效	完全不符合→完全符合						
PP1	项目达到或超过了顾客（内部顾客和外部顾客）的期望	1	2	3	4	5	6	7
PP2	有效达成了项目绩效目标，产品或服务的质量得到了显著提高	1	2	3	4	5	6	7
PP3	项目使得公司收益增加	1	2	3	4	5	6	7
PP4	项目在预算范围内完成项目任务	1	2	3	4	5	6	7
PP5	项目团队的工作是高效的	1	2	3	4	5	6	7
PP6	项目在预算时间内完成任务	1	2	3	4	5	6	7

问卷到此结束，再次感谢您的参与！